반짝이는 삶을 꿈꾸는 _____에게 드립니다.

내 인생의
빛이 되는 말 한마디

초판 1쇄 발행 | 2014년 6월 18일
별글콘텐츠연구소 엮음
영문 편집 | 이나래
편집 | 조연혜
발행인 | 김은주
펴낸 곳 | 별글
주소 | 경기도 고양시 덕양구 오금로 7 신원마을 3단지 305동 1404호
전화 | 070-7655-5949
팩스 | 070-7614-3657
홈페이지 | http://blog.naver.com/starrybook
대표메일 | starrybook@naver.com
등록번호 | 128-94-22091(2014.1.9)

책값은 뒤표지에 있습니다.
ISBN 979-11-952143-2-7 14030

내
인생의
빛이 되는 말 한마디

별글
별처럼 빛나는글

I

나는 스스로에게 불평하기에 앞서,
내가 잃은 것보다 여전히
내가 내 안과 밖에 갖고 있는 것들을
먼저 생각한다.
미셸 몽테뉴 _프랑스의 철학자, 사상가, 수필가

Before complaining to myself,
I consider not so much what is taken away from me as
what I still keep safe, both within and without.
_Michel Montaigne

참으로 현명한 스승은
제자들에게 자기 지혜의 집으로
들어오라고 명령하지 않는다.
그보다는 제자들 스스로 자신의 마음의
문으로 들어가도록 인도한다.

칼릴 지브란 _레바논의 철학자, 시인

The teacher who is indeed wise does not bid you
to enter the house of his wisdom
but rather leads you to the threshold of your mind.
_Khalil Gibran

3

누군가에게 깊이 사랑받으면 힘이 생기고
누군가를 깊이 사랑하면 용기가 생긴다.
노자 _중국 고대의 철학자

Being loved by someone deeply gives you strength.
Loving someone deeply gives you courage.
_Laozi

성장한다는 것은 변화하는 것을 의미한다.
그리고 변화한다는 것은 미지의 세계로
발을 내딛으며 도전한다는 것을 뜻한다.

조지 쉰 _미국의 기업가

Growth means change and change involves risk,
stepping from the known to the unknown.
_George shinn

5

사랑받는 일은 불타오름에 지나지 않으나
사랑하는 것은
마르지 않는 기름에 의한 빛남을 말한다.
그러므로 사랑받는 것은 사라져도
사랑하는 것은 오랫동안 지속된다.

R. M. 릴케 _독일의 시인, 문학가

To be loved is nothing but a flame,
but to love is brightness by an inexhaustible oil;
therefore, to love lasts a long time even if to be loved disappears.
_R. M. Rilke

나는 사랑에 빠진 가난한 젊은 남자를 만났다.
그의 모자는 낡았고 외투는 해졌으며
팔꿈치가 튀어나왔고 구두는 물이 샜다.
하지만 그의 영혼에는 별들이 지나가고 있었다.

빅토르 마리 위고 _프랑스의 시인, 소설가, 극작가

I met a very poor young man who was in love.
His hat was old, his coat was threadbare
- there were holes at his elbows;
the water passed through his shoes
and the stars through his soul.

_Victor Marie Hugo

7

인간의 가장 훌륭한 이상은
미덕의 표본이 되는 게 아니다.
그저 다정하고 호감을 주며
분별력 있는 사람이 되는 것이다.

린위탕 _중국의 소설가, 문명비평가

Human's the best ideal is not to be a paragon of virtue,
but to be a kind, favorable and sensible person.
_Lin Yutang

사람은 살려고 태어나는 것이지
인생을 준비하려고 태어나는 것은 아니다.
인생 그 자체, 인생의 현상,
인생이 가져다주는 선물은
숨이 막히도록 진지하다.

보리스 파스테르나크 _러시아의 시인, 소설가

Man is born to live, not to prepare for life.
Life itself, the phenomenon of life, the gift of life,
is so breathtakingly serious!
_ Boris Pasternak

9

당신 자신에게 긍정적인 이미지를
불어넣고 싶다면 매일 아침 세 문장을 외쳐라.
"나는 오늘 기분이 좋다!
나는 오늘 건강하다! 나는 오늘 정말 멋있다!"

윌리엄 클레멘트 스톤 _미국의 사업가, 자선가

To build your confidence,
repeat these three sentences over and over every morning:
I feel happy! I feel healthy! I feel terrific!
_William Clement Stone

만약 가슴 안에서
"나는 그림에 재능이 없는 걸"이라는
음성이 들려오면 반드시 그림을 그려 보아야 한다.
그 소리는 당신이 그림을 그릴 때 잠잠해진다.

빈센트 반 고흐 _네덜란드의 화가

If you hear a voice within you say 'you cannot paint,'
then by all means paint,
and that voice will be silenced.
_Vicent van Gogh

II

하루하루란 도대체
나에게 얼마나 값진 생의 특전인가?
거창하게, 행복하게, 아름답게!

헬렌 니어링 _미국의 자연주의자, 작가

Day by day.
What a valuable bonus of my life?
Bigly, happily, beautifully!
_Helen Nearing

사람들은 당신이 얼마나
많은 지식을 갖고 있는가보다
자신들을 얼마나
아껴 주고 있는지 알기 원한다.

존 맥스웰 _미국의 리더십 전문가, 작가

People don't care how much you know until they know
how much you care.
_John Maxwell

I3

서로를 이해하기 위해서는
어느 정도 닮은 데가 있어야 하지만
서로를 사랑하기 위해서는
어느 정도 다른 데가 있어야 한다.

폴 제랄디 _프랑스의 시인, 극작가

To understand each other,
they have to have resemblances partly,
but to love each other,
they have to have differences partly.
_Paul Geraldy

사랑이란 덜 요구하고 더 이해하는 것,
있는 그대로를 존중하는 것,
매일 새로운 모습을 발견하는 것,
사랑받고 싶다고 말하는 것,
지금이 마지막 기회임을 아는 것.

주니 족

Love is to require less and to understand better,
to respect as he is, to find a new look everyday,
to say that you want to be loved and
to know that now is a last chance.

_Zuni

I5

나무 하나 심었다고
금세 그 그늘 아래서 쉴 수 없듯이
사랑 안에 쉬기 위해 많은 인내가 필요하다.
사랑이 무성한 잎을 드리울 때까지.

생텍쥐페리 _프랑스의 작가, 비행사

As you cannot rest under the tree soon after planting a tree,
resting in love requires a lot of patience.
Until love makes lush with leaves.
_Saint Exupery

현재의 짧은 순간을 소홀히 하는 자는
그가 가진 전부를 내던지는 것이다.

프리드리히 폰 실러 _독일의 극작가, 시인

He who neglects the present moment
throws away all he has.
_Friedrich von Schiller

I7

흔히 사랑은 단순하지만,
적합한 대상을 찾는 것은 어렵다고 생각한다.
왜냐하면 사랑을 '나누는 것'보다는
'받는 것'으로 보기 때문이다.
에리히 프롬 _미국의 사회심리학자, 정신분석학자

I think that love is simple,
but it is difficult to find a loveworthy man.
Most people see the problem of love primarily
as that of being loved, rather than that of loving.
_Erich Fromm

결코 잃어버릴 수 없는 것을 얻기 위해
지킬 수 없는 것을 버리는 자는
절대 어리석은 자가 아니다.

짐 엘리엇 _미국의 선교사

He is no fool who gives what he cannot keep
to gain that which he cannot lose.

_Jim Elliot

19

중요한 것은 많이 생각하는 것이 아니라
많이 사랑하는 것이다.
그러니 당신의 사랑을
가장 많이 불러일으키는 일을 하라.
아빌라의 테레사 _스페인의 로마 가톨릭 수녀

The important thing is not to think much but to love much
and so do that which best stirs you to love.
_Teresa of Avila

진심으로 사랑받으려면 높은 재능 외에
한두 가지 약점도 가지고 있어야 한다.
그 사람에 대하여 미소 지을 수 있는 구석이
전혀 없는 사람을 사랑하기는 어렵다.

앙드레 모루아 _프랑스의 작가

If you really want to be loved,
you must have one or two weaknesses besides a great talent.
It's difficult to love a person
who doesn't have any part that makes me smile.
_Andre Maurois

21

일수 일확하는 것은 곡물이다.
일수 십확하는 것은 나무이다.
일수 백확하는 것은 사람이다.
순자 _중국 전국시대의 사상가

When you plant one, that you can harvest one is grain.
When you plant one, that you can harvest ten is a tree.
When you plant one,
that you can harvest one hundred is a person.
_Xunzi

사랑이란 마술은
두 사람이 서로 다른 방향으로 걷고 있더라도
항상 곁에서 나란히 걷고 있는 것처럼 느끼게 해 준다.

휴 프레이더 _미국의 목사, 강연자

The magic of love,
though two people are walking in a different direction,
makes to feel as if they are always walking side by side.
_Hugh Prather

23

꿈을 실현하는 비결을 알고 있는 사람이
정복할 수 없는 것은 없다.
그 비법은 호기심, 자신감, 일관성, 용기다.
이중 가장 중요한 것은 자신감이다.

월트 디즈니 _미국의 애니메이션 연출가, 제작자, 기업가

There are any heights that can't be scaled by a man
who knows the secrets of making dreams come true.
This special secrets are curiosity, confidence, courage,
and constancy, and the greatest of all is confidence.
_Walt Disney

24

능력은 당신을 정상에 서게 해 줄 수 있다.
그러나 정상에 계속 머무르기 위해서는
인격이 뒷받침되어야 한다.

존 우든 _미국의 농구 감독

Ability may get you to the top,
but it takes character to keep you there.
_John Wooden

25

상식은 18세 때까지
후천적으로 얻은 편견의 집합이다.
아인슈타인 _독일의 이론물리학자

Common sense is the collection of
prejudices acquired by age 18.
_ Einstein

헛된 사랑이었다고 말하지 말라.
비록 그것이 상대방의 마음을
윤택하게 하지 못했다고 하더라도
그 물은 빗물과 같이 다시 그들의 생으로 돌아와
새로움으로 가득 채워진다.

헨리 롱펠로 _미국의 시인

Talk not of wasted affection, affection never was wasted,
If it enrich not the heart of another,
its waters returning Back to their springs,
like the rain shall fill them full of refreshment;
That which the fountain sends forth returns again
to the fountain.
_Henry Longfellow

27

승리에 우연이란 없다.
1,000일의 연습을 단(鍛)이라 하고,
10,000일의 연습을 련(鍊)이라 한다.
이 단련(鍛鍊)이 있고 나서야 승리를 기대할 수 있다.

미야모토 무사시 _일본 에도 시대의 무사

There is nothing fortuity for victory.
A thousand days practice is Dan(鍛)
and ten thousand days practice is ryoen(鍊).
After this training(danryoen, 鍛鍊),
we can look for victory.
_Miyamoto Musashi

'사랑이라 생각했던 게 사실이 아니면
어쩌지' 하고 두려워 말라.
사랑은 믿어야만 한다.

카를 구츠코브 _독일의 작가

Don't be afraid what if the things you thought
that this was love were not true. Love needs trust.
_Karl Gutzkow

신은 오늘 하루에만 8만 6,400초라는
시간을 선물로 주셨다.
그중 1초라도 "고맙습니다"라는
말을 하는 데 사용한 적이 있는가?

윌리엄 아더 워드 _미국의 작가

God gave you a gift of 86,400 seconds today.
Have you used one to say "thank you"?
_William Arthur Ward

그대가 자긍심을 지키고자 한다면
그릇된 일을 함으로써 일시적으로
사람들을 기분 좋게 하는 것보다,
옳은 일을 함으로써
사람들을 불편하게 하는 편이 낫다.

윌리엄 J. H. 보엣커 _미국의 목사, 작가

That you may retain your self-respect,
it is better to displease the people
by doing what you know is right,
than to temporarily please them
by doing what you know is wrong.
_William J. H. Boetcker

31

영원히 남는 그림은
생각과 꿈 그리고 마음을 통해 만드는 것이지
손재주로 만드는 것이 아니다.
귀스타브 모로 _프랑스의 화가

The picture that remains forever is made through thought,
dream and mind, not hand skill.
_Gustave Moreau

안다는 것은 전혀 중요하지 않다.
상상하는 것이 가장 중요하다.

아나톨 프랑스 _프랑스의 소설가, 비평가

To know is nothing at all;
to imagine is everything.
_Anatole France

33

목수들에게는 하나의 규칙이 있다.
즉 '한 번 자르기 위해 두 번을 재라'는 것이다.

스티븐 코비 _미국의 기업인, 컨설턴트

The carpenter's rule is
"measure twice, cut once."
_Stephen Covey

가슴 깊은 신념에서 말하는 '아니오'는
그저 다른 이를 기쁘게 하거나
위기를 모면하기 위해 말하는 '예'보다
더 낫고 위대하다.

마하트마 간디 _인도의 정치 지도자

A 'No' uttered from the deepest conviction
is better and greater than a 'Yes' merely uttered to please,
or what is worse, to avoid trouble.
_Mahatma Gandhi

35

두 눈을 크게 뜨는 사람은
인생의 많은 부분이 잘될 것이다.
그러나 한 눈을 감을 줄 아는 사람은 더 잘된다.
요한 볼프강 폰 괴테 _독일의 시인, 소설가, 극작가

A man with big eyes will be fine in much of his life,
but a man who can close one eye will be better.
_Johann Wolfgang von Goethe

진리란 금과 같아서
불려서 얻어지는 것이 아니라
금이 아닌 것을
모두 씻어 냄으로써 얻어진다.
톨스토이 _러시아의 소설가, 사상가

Truth, like gold, is to be obtained not by its growth,
but by washing away from it all that is not gold.
_Tolstoy

37

믿음을 갖는 것은
곧 날개를 다는 것이다.
앙투안 바리 _프랑스의 조각가

To have belief is to hang wings.
_Antoine Barye

일직선으로 걸어가다 주변 것들에
꽝꽝 부딪히지만 그건 어쩔 수 없는 일.
청춘이라는 건 그와 같은 거야.

앤서니 버제스 _영국의 소설가, 비평가

We go straight and bump into the things around us.
But that's the way it goes.
Youth is like that.
_Anthony Burgess

39

옷이 추위로부터 우리를 보호하듯,
인내는 큰 실수를 하지 않도록
우리를 보호한다.
레오나르도 다 빈치 _이탈리아의 미술가, 과학자, 사상가

Patience serves us against insults precisely
as clothes do against the cold.
_Leonardo da Vinci

나무가 아무리 크더라도 한 그루만으로
온 천지를 덮을 수는 없다.

윌리엄 번벅 _미국의 광고인

Even if a tree is huge,
one tree cannot cover the world.
_William Bernbach

41

항상 진실한 생활을 하라.
그 과정에 많은 적이 생길 수도 있지만
결국에는 그들도 당신을 사랑하게 될 것이다.

도스토옙스키 _러시아의 소설가

Always try to live truly.
You may have a lot of enemies during the process,
but they will eventually love you.
_Dostoevskii

목표를 높게 잡고
노력의 결과를 기대하는 마음이 적을수록
성공할 가능성이 높아진다.
존 러스킨 _영국의 비평가, 사회사상가

When you set your aim highly and
don't expect much a result of effort,
an opportunity to succeed increases.
_John Ruskin

43

현명한 사람은 자신의 이익을 위해
사랑하지 않는다.
사랑 자체에서 행복을 느끼기 때문에
사랑하는 것이다.

파스칼 _프랑스의 수학자, 철학자

A wise man doesn't love for his own interests.
He loves because he feels happy when he loves.
_Pascal

항상 즐겁게 사는 비결은
사소한 일에 얽매이지 않으면서도
작은 것에 감사하는 것이다.

스마일스 _영국의 저술가, 사회 개량가

The secret to be always happy is not to dwell on trivial matters
and to live with a thankful heart for small things.

_Smiles

45

조금밖에 갖고 있지 않은 사람이
가난한 것이 아니라
많은 것을 바라는 사람이 가난하다.
세네카 _고대 로마의 철학자

A person who wishes many things is poor,
not a person who has little things isn't poor.
_Seneca

태어난다는 것은 신의 섭리요,
선택의 여지가 없는 것.
선택할 수 있는 것은
오직 어떻게 사느냐 하는 것일 뿐이다.
헨리 워드 비처 _미국의 목사, 사회개혁가, 강연가

Being born is the providence of God and we have no choice.
The option is just how we live.
_Henry Ward Beecher

47

당신을 비난하는 사람 앞에서도
의연한 태도를 지키라.
화를 냄으로써
상대방이 만들어 놓은 수렁에 빠지지 마라.
아우렐리우스 _고대 로마의 황제, 철학자

Act honorably in front of one who condemns you.
Don't sink into a pit made by the other side in high dudgeon.
_Aurelius

작은 일이든 큰일이든
먼저 꿈꾸지 않고서 이루어진 일은 없다.

로라 잉걸스 와일더 _미국의 작가, 교사

There is nothing has happened
without dreaming first either little things or big things.
_Laura Ingalls Wilder

49

울기를 두려워하지 마라.
눈물은 마음의 아픔을 씻어 내는 것이니.
호피 족

Don't be afraid of crying.
Tears wash a broken heart.
_Hopi

시를 쓰는 일만큼이나
밭에서 땅을 가는 일에도
숭고함이 깃들어 있다.

부커 워싱턴 _미국의 교육자, 연설가

There is as much dignity in tilling a field
as in writing a poem.
_Booker Washington

51

대리석이 아니라
다른 사람의 마음에 자신의 이름을 새겨라.
찰스 스펄전 _영국의 설교자

Carve your name on hearts, not on marble.
_Charles Spurgeon

다른 사람의 말을 주의 깊게 들으십시오.
심오한 진리는
간혹 농담의 옷을 입고 나타나는 법입니다.

예반 _미국의 시인

Listen carefully to what others say.
A profound truth sometimes appears in clothing of the joke.

_Javan

53

편견 없이 상대를 백지로 바라본다면
그 위에 새겨진 신의 속삭임을 들을 수 있다.
시드니 J. 해리스 _영국의 작가

If you see your partner without prejudice,
you can hear whisper of God carved on it.
_Sydney J. Harris

물은 자신 앞에 나타난 모든 장애물을
스스로 굽히고 적응함으로써
마침내 바다에 이른다.
적응하는 힘이 자유로워야 자신에게
달려오는 운명에 유연히 대처할 수 있다.

노자 _중국 고대의 철학자

The water finally meets the sea by changing himself
and adapting to every obstacle when he is faced with obstacles.
When the adaptation ability of you is free,
you can cope flexibly with the destiny that runs to yourself.

_Laozi

창의성은 직관이란 빵과 상상력으로
만들어진 크림, 인내라는 촛불로 빚은
케이크이다.

케몬스 윌슨 _미국의 기업인

Creativity is a cake made of a loaf 'intuition',
a cream puff 'imagination' and a candlelight 'patience'.
_Kemmons Wilson

감사는 아무리 해도 부족하다.
우리 이웃들은 감사의 미소 위에
그들의 인생을 건축하기 때문이다.
아치볼드 J. 크로닌 _영국의 소설가

We cannot be too thankful.
Because our neighborhoods build their lives on smile of thanks.
_Archibald J. Cronin

57

도덕적이란 것은
나중에 기분이 좋아지는 것이고,
비도덕적인 것이란
나중에 기분이 나빠지는 것이다.

헤밍웨이 _미국의 작가

What is moral is what you feel good after,
and what is immoral is what you feel bad after.
_Hemingway

첫째는 희망, 둘째는 믿음, 셋째는 사랑입니다.
그리고 마지막으로 신은 행운을 끼워 두었습니다.
엘라 히긴스 _미국의 시인

First is hope, second is faith,
third is love and lastly God puts fortune.
_Ella Higginson

59

행복한 사람에게는
시간을 알리는 소리가 들리지 않는다.
독일 속담

A happy person cannot hear the clock chime.
_German Proverb

60

내 의무와 사명은
내가 꼭 하고 싶은 일을 하는 것이 아니라,
내가 익숙하게 하는 일을 하는 것이다.

밥 버포드 _미국의 기업가, 작가

My duty and mission are not to do
what I really want to do, but to do what I do well.
_Bob Buford

61

장기 알 하나하나의 장점을 살리지 않으면
장기에서 이길 수 없다.
마스다 코조 _일본의 장기기사

If you don't bring out the best of each janggi piece,
you cannot win in janggi.
_Masuda Koxo

어떤 위대함보다 영혼의 위대함을,
어떤 부요보다 마음의 부요를 숙고해라.

존 퀸시 애덤스 _미국의 정치인, 외교관

Think of no other greatness but that of the soul,
no other riches but those of the heart.
_John Quincy Adams

63

상처 치료나 충고 대신 마음의 고통에
부드러운 손을 올려 주는 사람이 진정한 힘을 준다.

헨리 나우웬 _네덜란드 출신의 미국 로마 가톨릭 신부, 작가

A man who extends his gentle hand to a broken heart
instead of healing wounds or advising gives real power.
_Henri Nouwen

짐이 무거울수록,
우리 삶이 지상에 가까울수록,
우리 삶은 보다 생생하고 진실해진다.
밀란 쿤데라 _체코슬라비아 출신의 프랑스 작가

The heavier the burden, the closer our lives come to the earth,
the more real and truthful they become.
_Milan Kundera

65

어두운 생각, 부끄러움, 후회.
그들을 웃으며 맞으라.
모든 손님은 저 멀리에서 보낸 안내자니까.

잘랄루딘 루미 _페르시아의 시인

Welcome the dark thoughts, shyness and regret with a smile.
Because every visitor is a guide sent from the distance.
_Jelaleddin Alromi

우리의 현재 위치가 소중한 것이 아니라,
우리가 가고자 하는 방향이 소중하다.

올리버 웬들 홈스 _미국의 의학자, 시인

I find the great thing in this world is not
so much where we stand, as in what direction we are moving.
_Oliver Wendell Holmes

67

마음은
머리가 모르는 눈을 가지고 있다.
찰스 H. 파커스트 _미국의 목사, 사회개혁가

The heart has eyes which the brain knows nothing of.
_Charles H. Perkhurst

인간이 웃을 때 짓는 환한 미소가
삶의 부족한 부분을 채워 준다.

로렌스 스턴 _영국의 작가

Every time a man smiles - but much more so when he laughs -
it adds something to this fragment of life.

_Laurence Sterne

69

친절한 말은 짧고 하기 쉽지만,
그 울림은 참으로 무궁무진하다.
마더 테레사 _유고슬라비아 출신의 로마 가톨릭 수녀

Kind words can be short and easy to speak,
but their echoes are truly endless.
_Mother Teresa

목표와 꿈을 반복해서 말하라.
그러면 그것이 당신의 잠재의식에 각인된다.
잠재의식은 당신이 생각하고 꿈꾸는 모든 것을
강력하게 지원해 주는 거대한 에너지 발전소다.
마크 앨런 _미국의 출판 편집인

Say your goal and dream over and over again and
it is stamped on your subconscious.
Subconscious is a great power station
that supports all you think and dream powerfully.
_Marc Allen

쉽게 기쁨을 느끼는 사람이
가장 풍요롭게 산다.

헨리 데이비드 소로 _미국의 사상가, 문학가

That man is the richest
whose pleasures are the cheapest.
_Henry David Thoreau

아무도 당신을 믿지 않을 때도
자기 자신을 믿는 것,
그것이 챔피언이 되는 길이다.

슈거 레이 로빈슨 _미국의 프로 권투 선수

To be a champion, you have to believe in yourself
when nobody else will.
_Sugar Ray Robinson

73

먼저 자신의 가치를 발견하라.
이것만큼 소중한 것은 없다.
자신의 가치를 발견하지 못한 사람은
스스로를 함부로 대한다.

장자 _중국 전국시대의 사상가

Find your own values first.
There is not as precious as this.
A person who doesn't find his own values treats
oneself with a sneer.
_Zhuangzi

과거에서 교훈을 얻을 수는 있어도,
과거 속에 살 수는 없다.

린든 존슨 _미국의 37대 대통령

We can draw lessons from the past,
but we can't live in it.
_ Lyndon Johnson

꿈을 이루는 과정에서 많은 벽에 부딪힐 겁니다.
하지만 벽은 여러분을 멈추려고 있는 게 아니에요.
그 꿈을 얼마나 이루고 싶어 하는지
일깨워 주려고 있는 겁니다.
벽은 여러분이 아니라 그 꿈을 진정으로
원하지 않는 사람들을 막기 위해 있는 거예요.

랜디 포시 _미국의 컴퓨터공학 교수

I would find a way around this brick wall.
The brick walls are there for a reason.
They're not there to keep us out.
The brick walls are there to give us a chance to show how badly
we want something.
The brick walls are there to stop the people who don't want it
badly enough. They're there to stop the other people.
_Randy Pausch

아무것도 기대하지 않으면 아무런
실망도 하지 않으니 다행이라고 생각한다.
하지만 실망하는 것보다
아무것도 기대하지 않는 게 더 나쁘다.

루시 몽고메리 _캐나다의 소설가

Blessed are they who expect nothing
for they shall not be disappointed.
But I think it would be worse to expect nothing
than to be disappointed.

_Lucy Montgomery

천재의 중요한 특징은 완벽함이 아니라
새로운 분야를 개척하는 창의성이다.

아서 케스틀러 _헝가리 출신의 영국 소설가, 언론인

The principal mark of genius is not perfection but originality,
the opening of new frontiers.
_Arthur Koestler

무지함을 숨기는 것은 곧 그것을 늘리는 것이다.
하지만 무지함에 대한 정직한 고백은
언젠가는 그것이 줄어들 것이라는
희망의 기반을 마련해 준다.
마하트마 간디 _인도의 정치 지도자

To conceal ignorance is to increase it.
An honest confession of it,
however, gives ground for the hope
that it will diminish some day or the other.
_Mahatma Gandhi

79

네가 사랑의 길로 인도할 수 있다고 생각하지 말라.
사랑이 너의 가치를 발견하고
네 길을 인도할 것이기 때문이다.

칼릴 지브란 _레바논의 철학자, 시인

Don't think you can direct the course of love, for love,
if it finds you worthy, directs your course.
_Khalil Gibran

'할 수 없다'고 생각하는 것은
'하기 싫다'고 다짐하는 것과 같다.

스피노자 _네덜란드의 철학자

To think that you cannot do it
is like to determine that you doesn't want to do it.

_Spinoza

81

오늘은 내 일생 중에서 가장 중요한 날이며
다른 모든 날을 결정해 주는 날이다.
미셸 몽테뉴 _프랑스의 철학자, 사상가, 수필가

Today is the most important day in my life and the day
that decides all another day.
_Michel Montaigne

사랑받는 것보다
신뢰받는 것이 더 영광스럽다.

조지 맥도널드 _영국의 작가, 목사

To be trusted is a greater compliment than being loved.
_George MacDonald

83

유능한 리더는 사람들의 말을 주의 깊게 경청한다.
반면 무능한 리더는 성급하게 마음을 정하고,
그 후로는 거의 남의 말을 듣지 않는다.

마이클 풀란 _캐나다의 교수

Effective leaders listen attentively.
Ineffective leaders make up their minds prematurely and, by
definition, listen less thereafter.
_Michael Fullan

커뮤니케이션 능력은
타고나는 것이 아니라
훈련으로 습득된다.
콘돌리자 라이스 _미국의 국무장관

Communication skills are not an innate ability.
It is learned through training.
_Condoleezza Rice

85

조금만 변하기를 바란다면
당신의 행동을 바꿔라.
획기적으로 변하기를 바란다면
당신의 패러다임을 바꿔라.

스티븐 코비 _미국의 기업인, 컨설턴트

If you want to be changed a little, change your action.
But if you want to be changed fully, change your paradigm.
_Stephen Covey

지식을 얻으려면 공부를 해야 하지만
지혜를 얻으려면 관찰해야 한다.
마릴린 보스 사반트 _미국의 칼럼니스트, 강연가

To acquire knowledge, one must study;
but to acquire wisdom, one must observe.
_Marilyn vos Savant

87

불가능이 무엇인가는 말하기 어렵다.
어제의 꿈은 오늘의 희망이며
내일의 현실이기 때문이다.

로버트 고다드 _미국의 과학자

It is difficult to say what is impossible,
for the dream of yesterday is the hope
of today and the reality of tomorrow.
_ Robert Goddard

나는 항상 내가 할 수 없는 것을 한다.
그렇게 하면 할 수 있게 되기 때문이다.

파블로 피카소 _스페인의 화가

I am always doing that which I can not do,
in order that I may learn how to do it.
_Pablo Picasso

89

목표가 확실한 사람은 아무리 거친 길에서도
앞으로 나갈 수 있지만
목표가 없는 사람은 아무리 좋은 길이라도
앞으로 나갈 수 없다.

토머스 칼라일 _영국의 비평가, 역사가

A person with a clear purpose
will make progress on even the roughest road.
A person with no purpose
will make no progress on even the smoothest road.
_Thomas Carlyle

남을 따르는 법을 알지 못하는 사람은
좋은 지도자가 될 수 없다.

아리스토텔레스 _고대 그리스의 철학자

He who cannot be a good follower cannot be a good leader.
_Aristoteles

성공한 사업가들은 언제나
인재로 키울 수 있는 사람에 대한
관찰과 접근을 게을리하지 않는다.
찰스 M. 슈왑 _미국의 기업가

Successful businessmen don't always neglect
to observe and to get close to a man
who talented enough to be a capable person.
_Charles M. Schwab

새로운 것을 보는 것만이
중요한 게 아니다.
모든 것을 새로운 눈으로 보는 것이 정말 중요하다.

프란체스코 알베로니 _이탈리아의 사회학자, 작가

It is not important to see new things.
It is more important to see everything with new eyes.
_Francesco Alberoni

93

직관이 우리를 이끌게 하고,
직감이 이끄는 대로
두려움 없이 따라가야 한다.
샥티 거웨인 _미국의 출판편집인, 환경운동가

We need to be willing to let our intuition guide us,
and then be willing to follow
that guidance directly and fearlessly.
_Shakti Gawain

94

'어떻게 말할까' 하고
괴로울 때는 진실을 말하라.

마크 트웨인 _미국의 소설가, 사회비평가

When in doubt, tell the Truth.
_Mark Twain

95

변화를 유도하면 리더가 되고
변화를 받아들이면 생존자가 되지만,
변화를 거부하면 죽음을 맞게 된다.
잭 캔필드 _미국의 카운슬러, 저술가, 강연가

If you lead a change, you will be a leader.
If you accept a change, you will be a survivor.
But if you reject a change, you will be dead.
_Jack Canfield

자신 그대로를 인정하는 것이
가장 중요한 행복의 조건이다.
데시데리위스 에라스뮈스 _네덜란드의 로마 가톨릭 수도사

It is the chiefest point of happiness
that a man is willing to be what he is.
_Desiaenus Erasmus

마음의 문을 여는 손잡이는
마음의 안쪽에만 달려 있다.

게오르그 헤겔 _독일의 철학자

A knob that opens the door of one's heart is just inside heart.
_Georg Hegel

자신을 향해 웃는 것은
살면서 배워야 할 가장 중요한 능력이다.
캐서린 맨스필드 _영국의 소설가

To smile at oneself is the most important
ability to have to learn.
_Katherine Mansfield

99

살아간다는 것은 누군가와 손을 잡는 것,
잡은 손의 온기를 잊지 않는 것.
에이 로쿠스케 _일본의 방송작가

To live is to join hands with anyone and
not to forget the warmth of the hands.
_Ei Rokusuke

미래를 창조하기에 꿈만큼 좋은 것은 없다.
오늘의 유토피아가 내일의 현실이 될 수 있다.

빅토르 마리 위고 _프랑스의 시인, 소설가, 극작가

There is nothing like dream to create the future.
Utopia to-day, flesh and blood tomorrow.

_Victor Marie Hugo

행복을 얻는 데 가장 큰 장애물은
더 큰 행복을 바라는 마음이다.
B. 퐁트넬 _프랑스의 계몽사상가, 문학가

A great obstacle to happiness is
to anticipate too great a happiness.
_B. Fontanelle

매일매일 행복하게 살다 보면
영원히 행복하게 사는 것도 가능해진다.

마가렛 W. 보나노 _미국의 작가, 출판편집인

It is only possible to live happily ever after on a day to day basis.

_Margaret W. Bonanno

103

단지 실수 한 번 했다고
당신 인생 전체가
실수가 되는 것은 아니다.
조제트 모스바허 _인도의 기업인

Just because you made a mistake
 doesn't mean you are a mistake.
_Georgette Mosbacher

웃음은 마음의 거미줄을
걷어 내는 빗자루와 같다.

몰트 워커 _미국의 만화가

Laughter is the brush that sweeps away
the cobwebs of your heart.
_Mort Walker

모든 것의 시작은 나를 바라보는
당신의 깊은 눈에 있다.

찰스 시몬스 _미국의 작가

The start of everything is
in your deep eyes that look at me.
_Charles Simmons

슬픈 일이 있으면 남을 원망하지 말 것.
슬픈 일이 있으면 잠시 혼자 있을 것.
슬픈 일이 있으면 조용히 생각할 것.

하이타니 겐지로 _일본의 작가

When you return by weeping cross, do not resent others.
When you return by weeping cross, be alone for a while.
When you return by weeping cross, think to yourself.

_Haitani Kenjiro

107

인간의 마음을 어지럽히는 것은
일 자체가 아니라
일어날 일들에 대한 걱정이다.
에픽테토스 _고대 그리스 로마의 철학자

Men are disturbed not by things,
but by the views which they take of them.
_Epictetus

사람이 행복하기 위해서는
행복이 있다는 것을 믿어야 한다.
에밀 쿠에 _프랑스의 약사, 자기 암시요법 창시자

If you want to be happy, you have to believe
that there is happiness.
_Emile Coue

109

용서는 행동과 자유로 가는
문을 여는 열쇠이다.

한나 아렌트 _미국의 유대계 작가, 철학자

Forgiveness is the key to action and freedom.
_Hannah Arendt

개선이란 무언가가 좋지 않다고 느낄 수 있는
사람들에 의해서만 만들어질 수 있다.

프레드리히 니체 _독일의 철학자, 시인

Improvements are invented only by those
who can feel that something is not good.
_ Friedrich Nietzsche

III

진정한 사랑은 상대방이
잘되길 바라고,
낭만적인 사랑은 단지 상대방이
있기만을 바란다.
마가렛 앤더슨 _미국의 잡지 편집장, 발행인

In real love you want the other person's good.
In romantic love you want the other person.
_Margaret Anderson

당신 영혼에 맡겨진 순간순간을 잘 활용하라.
영감(靈感)의 잔을 마지막 한 방울까지
마셔 비우도록 하라.
봄은 영원히 계속되지 않는다.

헨리 데이비드 소로 _미국의 사상가, 문학가

Utilize every minute that is left with your spirit well.
Drink a glass of inspiration to the last drop and empty it.
Spring never continue.
_Henry David Thoreau

113

그대들의 일을 사랑하라.
그러나 그대들의 업적을 사랑하지는 말라.
블라디미르 마야콥스키 _러시아의 시인

Love your work.
But don't love your achievement.
_Vladimir Mayakovsky

리더는 그들이 원하는 곳으로 사람들을 이끈다.
위대한 리더는 자신이 원하는 곳이 아니라
꼭 가야만 하는 곳으로 사람들을 이끈다.

로잘린 카터 _미국 제 39대 영부인

A leader takes people where they want to go.
A great leader takes people
where they don't necessarily want to go, but ought to be.
_Rosalynn Carter

의사소통을 잘하면 잘할수록
이익은 더욱 커진다.
존 밀턴 _영국의 시인

The better you can communicate,
the more you gain.
_John Milton

마음이 열린 사람들의 특징 중 하나는
사물을 자신이 보고 싶은 대로 보지 않고,
있는 그대로 본다는 것이다.

유진 케네디 _미국의 심리학자, 작가

One of features of open-minded people is not
that they see things as they want to see,
but that they see things as they really are.

_Eugene Kennedy

117

강철이 뜨거운 불 속에서 강해지는 것처럼
확고한 우정은 어려움을 함께할 때 이뤄진다.
찰스 칼렙 콜튼 _영국의 성직자

The firmest friendships have been formed in mutual adversity;
as iron is most strongly united by the fiercest flame.
_Charles Caleb Colton

우물 안 개구리는 바다를 이야기할 수 없다.
메뚜기에게는 얼음을 이야기할 수 없다.

장자 _중국 전국시대의 사상가

A frog in the well can't say about the ocean.
We can't say to locusts about ice.

_Zhuangzi

사람과 사람 사이에 가장 큰 신뢰는
충고를 주고받는 것이다.

프랜시스 베이컨 _영국의 철학자

The greatest trust between man and man is
the trust of giving counsel.
_Francis Bacon

가슴이 무너져 보지 않은 사람은,
영혼을 울리는 연주를 할 수 없다.

벤 젠더 _미국의 지휘자

A man who has never broken heart
cannot play a soulful performance.
_Ben Zander

당신이 전혀 알지 못하는 그 어떤 것을
넘어서서 성장하기란 불가능하다.
당신 자신의 한계를 뛰어넘기 위해서는
우선 자신을 제대로 알아야 한다.

스리 니사르가닷따 마하라지 _인도의 힌두교 성자

It is impossible that you grow beyond something
that you just don't know.
You have to know yourself first to jump over your limit.
_Sri Nisargadatta-Maharaj

우리의 운명은 사색을 통해
삶을 어떻게 이해하느냐에 따라 달라진다.
톨스토이 _러시아의 소설가, 사상가

Our destiny depends upon how
we understand our lives through thought.
_Tolstoi

I23

정열은 강이나 바다와
비슷하다.
얕은 것은 소리를 내지만
깊은 것은 침묵을 지킨다.

알베르 카뮈 _프랑스의 소설가, 극작가

Passion resembles the river and the sea the most.
Shallow one makes a sound, but deep one keeps silence.
_Albert Camus

큰 변화를 꿈꿀 때 일상의 작은 변화들을
결코 무시해서는 안 된다.
일상의 작은 변화들이 쌓여
전혀 예기치 못한 큰 변화가 이루어진다.

매리언 라이트 이델먼 _미국의 아동인권운동가

We must not,
in trying to think about how we can make a big difference,
ignore the small daily differences
we can make which, over time, add up to big differences
that we often cannot foresee.
_Marian Wright Edelman

125

참된 창조자는
가장 흔하고 미천한 것에서
늘 주목할 만한 가치가 있는
뭔가를 발견할 줄 안다.

이고르 스트라빈스키 _러시아 출신의 미국 작곡가

The true creator may be recognised by his ability
to find about him in the commonest and humblest thing,
items worthy of note.
_Igor Stravinsky

일에서 즐거움의 비밀은
'탁월함'이라는 단어에 담겨 있다.
어떤 것을 능숙하게 해내는 방법을
아는 것이 그 일을 즐기는 길이다.

펄 벅 _미국의 작가, 인권운동가

The secret of joy in work is contained in one word? excellence.
To know how to do something well is to enjoy it.

_Pearl Buck

모든 사람에게 예절 바르고,
많은 사람에게 붙임성 있고,
몇 사람에게 친밀하고,
한 사람에게 벗이 되고,
아무에게도 적이 되지 말라.

윈스턴 처칠 _영국의 정치가

Be polite to all people,
be friendly to many people,
be close to some people,
don't become an enemy of any person.
_Winston Churchill

성공한 사람들의 공통점은
결정과 실행 사이의 간격을
아주 좁게 유지하는
능력이 뛰어나다는 것이다.
피터 드러커 _오스트리아 출신의 미국 경영학자, 작가

The likeness of successful people is that
they have unusual ability that
keeps gap between decision
and performance quite narrowly.
_Peter Drucker

아침의 신선함이 나른함으로 바뀌고
다리 근육은 긴장으로 후들거리며,
올라가야 할 길은 끝이 없다.
그리고 갑자기 아무것도 당신 마음대로 되지 않는다.
이때가 바로 당신이 멈춰서는 안 될 때이다.

다그 함마르셸드 _스웨덴의 경제학자

When the morning's freshness has been replaced by the
weariness of midday,
when the leg muscles quiver under the strain,
the climb seems endless, and, suddenly,
nothing will go quite as you wish?
 it is then that you must not stop.
 _Dag Hammarskjold

인간이 현명해지는 것은
경험에 의해서가 아니라
경험에 대처하는 능력에서 비롯된다.

조지 버나드 쇼 _아일랜드의 극작가, 소설가, 비평가

Men are wise in proportion, not to their experience,
but to their capacity for experience.
_George Bernard Shaw

꽃을 사랑한다 말하면서도
꽃에 물주는 것을 잊은 사람을 본다면
그가 꽃을 사랑한다고 믿지 않을 것이다.
사랑은 사랑하고 있는 자의 생명과
성장에 대한 적극적 관심이다.

에리히 프롬 _미국의 사회심리학자, 정신분석학자

If a woman told us that she loved flowers,
and we saw that she forgot to water them,
we would not believe in her 'love' for the flowers.
Love is the active concern for the life
and growth of that which we love.
_Erich Fromm

당신의 직감을 믿어도 좋다.
직감은 그냥 생기는 것이 아니라
의식 아래 저장된 수많은 정보를
바탕으로 나오기 때문이다.

조이스 브라더스 _미국의 심리학자, 칼럼니스트

Trust your hunches.
They're usually based on facts filed away
just below the conscious level.
_Joyce Brothers

책은 인생이라는 험난한 바다를 항해하는 데
도움이 되도록 남들이 마련해 준
나침반이요, 망원경이요, 지도다.

로버트 브라우닝 _영국의 시인, 극작가

Books are the compasses and telescopes and sextants and charts
which other men have prepared to help us navigate
the dangerous seas of human life.
_Robert Browning

행복은 일로부터의 탈출이 아니라
몰입에서 온다.

토드 부크홀츠 _미국의 경제학자

Happiness is made through immersion, not escape from work.
_Todd Buchholz

135

인생의 방향을 잡아 주는 끈은
이성이 아니라 습관이다.

흄 _영국의 철학자, 역사가

The string that takes the way of life
is not reason but habit.
_Hume

사랑이 있는 곳에 무엇이 부족한가?
사랑이 없는 곳에 과연 무엇이 유익한가?

아우렐리우스 _고대 로마의 황제, 철학자

What is short where the love is?
What is useful where the love is not?
_Aurelius

137

시간이란 우리가 사용할 것이지
얽매일 것이 아니다.

무사 앗사리드 _프랑스의 방송기자, 작가

Time is not what we are bound, but what we use.
_Moussa Assarid

사람은 지성적 존재이므로
지성을 사용할 때 기쁨을 느낀다.
이런 의미에서 두뇌는 근육과 같다.
두뇌를 사용할 때 우리는 기분이 매우 좋다.
이해한다는 것은 즐거운 일이다.

칼 세이건 _미국의 천문학자

We are an intelligent species
and the use of our intelligence quite properly gives us pleasure.
In this respect the brain is like a muscle.
When it is in use, we feel very good.
Understanding is joyous.
_ Carl Sagan

139

시간을 잘 맞춘 침묵은
말보다 더 좋은 웅변이다.

M. F. 터퍼 _영국의 시인

Well-timed silence hath
more eloqence than speech.
_ M. F. Tupper

다른 무엇보다
'준비되어 있는 것'이 성공의 비결이다.

헨리 포드 _미국의 기업가

Before everything else,
getting ready is the secret of success.
_Henry Ford

제비꽃을 밟으면
꽃은 발꿈치에 좋은 향기를 남긴다.
용서는 바로 그 향기와 같다.
마크 트웨인 _미국의 소설가, 사회비평가

Forgiveness is the fragrance that the violet sheds
on the heel that has crushed it.
_Mark Twain

별들이 그대의 슬픔을 가져가 주기를,
꽃들이 그대의 가슴을 아름답게 채워 주기를,
희망이 그대의 눈물을 영원히 닦아 주기를,
그 무엇보다 침묵이 그대를 강인하게 해 주기를.

덴 조지 _북아메리카 인디언 부족 출신의 작가, 배우

May the stars carry your sadness away,
May the flowers fill your heart with beauty,
May hope forever wipe away your tears,
And, above all, may silence make you strong.
_Dan George

143

가족의 사랑은 매우 위대해서
그 어떤 것도 이 사랑을 파괴할 수 없다.
가족의 사랑은 절망의 예방약이며,
삶에 대한 믿음을 놓지 않게 해 주는 예방 주사다.
에드워드 할로웰 _미국의 정신과 의사, 교수

Family love is so great that anything cannot destroy this love.
Family love is a preventive medicine against despair
and a preventive injection that helps not
to lose the belief in a life.
_Edward Hallowell

인간은 재주가 없어서라기보다는
목적이 없어서 실패한다.

윌리엄 A. 빌리 선데이 _미국의 개신교 설교가

More men fail through lack of purpose
than lack of talent.
_William A. Billy Sunday

145

자부심은 자신에게
보내는 갈채이다.
너대니얼 브랜든 _캐나다의 심리학자, 작가

Self-esteem is the applause to give to oneself.
_Nathaniel Branden

4월의 봄비는
5월의 백 가지 꽃을 피어나게 한다.
토마스 투서 _영국의 시인, 농부

April showers bring May flowers.
_Thomas Tusser

147

상대방의 이름을 부르는 소리는
세상 그 어떤 것보다 듣기 좋은
소리라는 걸 기억해라.

데일 카네기 _미국의 자기계발 전문가

Remember that a person's name is
to that person the sweetest and most important sound
in any language.
_Dale Carnegie

절망하지 마라.
종종 열쇠 꾸러미의
마지막 열쇠가 자물쇠를 연다.
필립 도머 스탠호프 체스터필드 _영국의 정치가, 외교관

Don't despair.
Sometimes the last key of a set of keys opens a lock.
_Philip Dormer Stanhope Chesterfield

149

가장 높은 곳에 올라가려면,
가장 낮은 곳에서부터 시작하라.

푸블릴리우스 시루스 _로마의 풍자시인

If you wish to reach the highest, begin at the lowest.
_Publilius Syrus

언어를 바꾸라.
그러면 당신은 생각도 바뀔 것이다

칼 알브레히트 _독일의 기업가

Change your language and you change your thoughts.
_Karl Albrecht

151

시간은 우리가 가장 원하는 것이지만,
가장 사용을 못하는 것이다.

윌리엄 펜 _영국의 신대륙 개척자

Time is what we want most,
but what we use worst.
_William Penn

빛을 보기 위해 노력해야 하는 때는
우리가 가장 힘들어 할 때이다.

아리스토텔레스 오나시스 _터키의 기업가

It is during our darkest moments
that we must focus to see the light.
_Aristotle Onassis

153

누구도 사람에게 그 무엇을 가르칠 순 없다.
다만 그가 자신의 내면에서 그것을 발견하도록
도울 수 있을 뿐이다.
갈릴레오 갈릴레이 _이탈리아의 물리학자

You cannot teach a man anything;
you can only help him find it within himself.
_Galileo Galilei

내일은 인생에서 가장 중요한 것이다.
자정이 되면 내일은 매우 깨끗한 상태로
우리에게 다가온다.
매우 완벽한 모습으로 우리 곁에 와
우리 손으로 들어온다.
내일은 우리가 어제에서 뭔가를 배웠기를 희망한다.

존 웨인 _미국의 영화배우

Tomorrow is the most important thing in life.
Comes into us at midnight very clean.
It's perfect when it arrives and it puts itself in our hands.
It hopes we've learned something from yesterday.
_John Wayne

155

남에게 줄 수 있는 선물 중 가장 훌륭한 선물은
바로 당신의 시간을 주는 것이다.

영국 속담

The greatest gift you can give to someone is your time.
_English Proverb

특별한 비법은 없는 법.
올바른 시점에 올바른 키만 치면,
악기가 스스로 연주를 하니까.

바흐 _독일의 음악가

There's nothing remarkable about it.
All one has to do is hit the right keys at the right time and the
instrument plays itself.

_Bach

용기는 대단히 중요하다.
그것은 근육과 같이 사용함으로써 강해진다.

루스 고든 _미국의 영화배우, 드라마 작가

Courage is very important.
Like a muscle, it is strengthened by use.
_Ruth Gordon

나는 운명처럼 웃음과 약혼했다.
웃음소리는 언제나 세상에서 가장 세련된
음악으로 들린다.

해브록 엘리스 _영국의 심리학자, 작가

I was irrevocably betrothed to laughter,
the sound of which has always seemed to me
to be the most civilized music in the world.
_Havelock Ellis

159

내가 좋아하거나 존경하는 사람들의
공통분모는 찾을 수 없지만
내가 사랑하는 사람들의
공통된 특징은 찾을 수 있다.
그들은 나를 웃게 만든다.

위스턴 휴 오든 _영국 출신의 미국 시인

Among those whom I like or admire,
I can find no common denominator,
but among those whom I love, I can:
all of them make me laugh.
_Wystan Hugh Auden

사랑, 그것은 타인의 음악에
주의를 기울이고 그 가사를 번역하는 것이다.
엠마누엘 _벨기에의 로마 가톨릭 수녀

Love, that is to pay attention to music of others
and to translate the words.
_Emmanuel

161

시련이 없다는 것은
축복받은 적이 없다는 것이다.
에드거 앨런 포 _미국의 소설가, 시인

Never to suffer would never to have been blessed.
_Edgar Allan Poe

가슴에서 나온 것은
가슴으로 들어간다.
새뮤얼 테일러 콜리지 _영국의 시인, 문학이론가

What comes from the heart goes to the heart.
_Samuel Taylor Coleridge

163

삶은 천천히 나아지고 빨리 나빠지며,
큰 재난만 분명히 눈에 보인다.
에드워드 텔러 _미국의 물리학자

Life improves slowly and goes wrong fast,
and only catastrophe is clearly visible.
_Edward Teller

웃음은 우리 안에 있는
신의 메아리다.

조셉 마미온 _아일랜드 출신의 로마 가톨릭 성직자

Joy is the echo of God's life in us.
_Joseph Marmion

될 수 있는 한 주변 사람들과 소통하라.
더 많이 알수록 더 많이 보살펴 줄 수 있다.
그렇게 보살핌이 시작되면 이들 사이의
관계를 막을 것은 아무것도 없다.
샘 월튼 _미국의 기업가

Communicate everything you possibly can to your partners.
The more they understand, the more they'll care.
Once they care, there's no stopping them.
_Sam Walton

항상 기뻐하라.
그러나 더 이상 기쁨이
느껴지지 않는다면
자신이 깨닫지 못한
잘못이 있는지 살펴보라.
톨스토이 _러시아의 소설가, 사상가

Always be happy.
But check mistakes that you don't notice
when you no longer feel happy.
_Tolstoy

167

내가 행복한 것이 세상에 도움을
주고 있다는 것을 우리는 모르고 산다.

로버트 루이스 스티븐슨 _영국의 소설가, 시인

By being happy,
we sow anonymous benefits upon the world.
_Robert Louis Stevenson

하루 열두 번의 포옹.
우리에게 필요한 것은 바로 그것이다.
신체적으로는 말할 것도 없고 말이나 눈으로,
혹은 분위기로도 포옹해 줄 수 있다.

스티븐 코비 _미국의 기업인, 컨설턴트

To embrace 12 times a day.
That is what we need.
We can embrace by saying, eyes and mood,
to say nothing of body.

_Stephen Covey

169

아이를 나무라지 마라, 지나온 길인데.
노인을 비웃지 마라, 가야 할 길인데.
에이 로쿠스케 _일본의 방송작가

Don't scold child, he is the path you had passed.
Don't laugh at old man, he is the path you must go.
_Ei Rokusuke

우리는 너무 많이 생각하고
너무 적게 느낀다.

찰리 채플린_ 영국의 영화배우

We think too much and feel too little.
_Charlie Chaplin

171

어머니는 우리가 기댈 사람이 아니라,
어디에 기댄다는 것 그 자체가
필요 없도록 해 주는 사람이다.

도로시 캔필드 피셔 _미국의 교육개혁가, 작가

A mother is not a person to lean on
but a person to make leaning unnecessary.
_Dorothy Canfield Fisher

행복한 가정이란
부부가 모두 상대방이
옳을 수 있다는
가능성을 인정하는 것이다.
돈 프레이저 _오스트레일리아의 수영 선수

Happy family is that both husband and wife acknowledge
the possibility that the other side can be right.
_Dawn Fraser

173

미래의 행복을 저축하는 가장 좋은 방법은,
오늘 가능한 대로 행복을 누리는 것이다.

찰스 윌리엄 엘리엇 _미국의 학자

The best way to secure future happiness is
to be as happy as is rightfully possible today.
_Charles William Eliot

용기 있는 사람, 또한 행운의 사람들은
남들로부터 쏟아지는 질투심을 충분히
견딜 수 있는 사람이다.

퍼블릴리어스 시러스 _고대의 시인

A brave man or fortunate
one is able to bear envy.
_Publilius Syrus

웃음은 "나는 당신을 좋아합니다.
당신은 나를 행복하게 해 줍니다.
만나게 되어 반갑습니다"라고
말하는 것과 같다.

데일 카네기 _미국의 자기계발 전문가

A smile says,
"I like you, You make me happy.
I am glad to see you."
_Dale Carnegie

창조적인 예술가는
이전의 자기 작품에 대해 만족하지 못하므로
다음 작품을 만드는 데 자신의 온 힘을 쏟지 않으면
좀이 쑤셔 못 배기는 사람이다.

디미트리 쇼스타코비치 _러시아의 작곡가

A creative artist works on his next composition
because he was not satisfied with his previous one.
_Dmitri Shostakovich

한겨울에도 움트는 봄이 있는가 하면
밤의 장막 뒤에도 미소 짓는 새벽이 있다.
칼릴 지브란 _레바논의 철학자, 시인

The numerous beaches range from wild, pounding surf,
to wuiet sheltered coves.
_Khalil Gibran

이 세상의 모든 훌륭한 것들은
모두 독창성의 열매다.

존 스튜어트 밀 _영국의 철학자

All good things which exist are the fruits of originality.
_John Stuart Mill

179

견디기 힘든 일을 견뎌 내면
그 일을 떠올릴 때마다 유쾌해진다.

세네카 _고대 로마의 철학자

If you endure the hard situation, you will
feel pleasure whenever you recall the situation.
_Seneca

홀륭한 책은 독자에게 많은 경험을 주기 때문에
읽고 난 다음에는 약간의 피로를 느끼게 한다.
그런 책을 읽을 동안 독자는 보통 인생의 몇 배나 되는
삶을 사는 것이다.

윌리엄 스타이런 _미국의 작가

A great book should leave you with many experience,
and slightly exhausted at the end.
You live several lives while reading it.
_William Styron

181

너와 같은 길을 가는 사람들이
웃을 수 있도록 그들의 짐을 나누어 들어 주어라.

피타고라스 _그리스의 철학자, 수학자

Share their burden in order that the people with you can laugh.
_Pythagoras

입으로 말하는 사랑은 외면하기 쉬우나,
행동으로 증명하는 사랑은 저항하기 어렵다.

스탠리 무니햄 _미국의 종교인

You can walk away from a love who only talks the talk.
But you can't resist a love who walks the walk.
_Stanley Mooneyham

183

인간은 가능성의 보따리다.
그의 인생이 끝나기 전에
인생이 그에게서 무엇을 꺼내는가에 따라
그의 가치가 정해진다.

헤리 에머슨 포스딕 _미국의 성직자

A human is a pack of possibility.
His value is decided by what the life brings up
from him before his life is over.
_Herry Emerson Fosdick

산으로 가서 보물을 찾기 전에,
먼저 내 두 팔 안에 있는 보물을
충분히 이용하도록 하라.

요한 볼프강 폰 괴테 _독일의 시인, 소설가, 극작가

Utilize treasures in your arms fully
before you go to mountain and find treasure.

_Johann Wolfgang von Goethe

185

이 세상에서 제일 좋은 것은 배운다는 것이다.
돈이란 잃거나 도둑맞을 수 있고,
건강과 정력은 약해질 수 있다.
그러나 머릿속에 넣어 둔 것은 영원히 당신의 것이다.
루이 라무르 _미국의 작가

The best of things is to learn.
Money can be lost or stolen, health and strength may fail,
but what you have committed to your mind is yours forever.
_Louis L'Amour

훌륭하고 영감 있는 모든 것은 자유로운 상태에서
열심히 노력하는 사람에 의해서 창조된다.

아인슈타인 _독일의 이론물리학자

Everything that is really great and inspiring is
created by the individual who can labor in freedom.

_Einstein

겸손은 인생에서 생길 수 있는 온갖 변화에
마음의 준비를 하게 해 주는,
유일하고도 진정한 지혜다.

조지 알리스 _영국의 영화배우

Humility is the only true wisdom by
which we prepare our minds for all the possible changes of life.
_George Arliss

편견은 내가 다른 사람을 사랑하지 못하게 하고,
오만은 다른 사람이 나를 사랑할 수 없게 만든다.

제인 오스틴 _영국의 소설가

Prejudice disables me from falling in love with others.
And pride shuns others away from me.
_Jane Austen

189

이 세상에서 칭찬하는 방법을 알고 있는 것은
고귀한 영혼뿐이다.
피에르 보나르 _프랑스의 화가

It is only a noble spirit that knows how to praise in the world.
_Pierre Bonnard

사랑은
지성에 대한 상상력의 승리다.

헨리 루이스 멩켄 _미국의 저널리스트, 문예비평가

Love is the triumph of imagination over intelligence.

_H. L. Mencken

191

검소한 사람은 스스로 절약을 일삼기 때문에
항상 여유가 있어 남을 도와줄 수 있으나,
사치하는 사람은 씀씀이가 커 항상 모자라서
남에게 인색하다.

이덕형 _조선 시대의 문신

A simple man can help others
because he always affords by the habit of saving.
But an extravagant man is stingy to others
because he is always short by large expenditures.
_Lee Deokhyeong

진정한 행복은,
좋아하는 일을 마무리한 다음 휴식을 취하고
그로 인해 새로워질 때 얻어진다.

린위탕 _중국의 소설가, 문명비평가

True happiness comes to him who does his work well,
followed by a relaxing and refreshing period of rest.
_ Lin Yutang

193

가라, 달려라.
그리고 세계가 6일 동안 만들어졌음을 잊지 말라.
그대는 그대가 원하는 것은
무엇이든지 나에게 말할 수 있지만
시간만은 안 된다.
나폴레옹 _프랑스의 제1통령

Go sir, gallop, and don't forget
that the world was made in six days.
You can ask me for anything you like, except time.
_Napoleon

나는 항상 '모두'가 최선이라고 믿는다.
'모두'는 수고를 덜어준다.

러디어드 키플링 _영국의 소설가

I always prefer to believe the best of everybody,
it saves so much trouble.
_Rudyard Kipling

195

고장 날지 모르는 것과
도저히 고장 날 수 없는 것 사이의 주요 차이점은
도저히 고장 날 수 없는 것이 고장 나면
보통 복구나 수리가 불가능하다고 판명난다는 것이다.

더글라스 애덤스 _영국의 소설가

The major difference between a thing
that might go wrong and a thing
that cannot possibly go wrong is
that when a thing that cannot possibly go wrong goes wrong
it usually turns out to be impossible to get at and repair.
_Douglas Adams

나는 때때로 격렬하게 절망하고
슬픔으로 심하게 고통스러웠지만,
모두를 통해,
나는 아직 살아있는 아름다운 것은 확실히 알고 있다.
아가사 크리스티 _영국의 소설가

I have sometimes been wildly, acutely miserable,
racked with sorrow,
but through it all I still know quite certainly
that just to be alive is a grand thing.
_Agatha Christie

197

살아 있는 동안 생각해야만 한다.
생각하는 동안 꿈을 꾸어야만 한다.
아이작 아시모프 _러시아 출신의 미국 과학 소설가, 저술가

While he lives, he must think;
while he thinks, he must dream.
_Isaac Asimov

남을 책망하는 마음으로 자기를 책망하고
자기를 사랑하는 마음으로 남을 사랑하면
충실하고도 너그러워질 것이다.

손순효 _조선 시대의 문신

If you reproach yourself as you reproach others and
you love others as you love yourself,
you will be faithful and generous.
_Son Sunhyo

199

나이 들어 욕심을 갖는 것은
마치 여행길이 끝나 가는데
다시 준비물을 챙기는 것처럼
어리석은 일이다.

키케로 _고대 로마의 정치가

Avarice in old age is foolish;
for what can be more absurd than to increase our provisions
for the road the nearer we approach to our journey's end.
_Cicero

가능함의 한계를 알 수 있는 유일한 방법은
불가능 너머로 조금이라도 떠나보는 것뿐이다.

아서 C. 클라크 _영국의 작가, 미래학자

The only way of discovering the limits of the possible is
to venture a little way past them into the impossible.

_Arthur C. Clarke

201

성공하기 위해서는,
타인으로부터 사랑받아야 하지만
그들에게 뚜렷한 소신도 보여 주어야 한다.

조제프 주베르 _프랑스의 수필가

You must be loved by others for success,
but you also must give your clear opinion to them.
_Joseph Joubert

여정(旅程)
그 자체가 선물이다.

스티브 잡스 _미국의 기업인

The journey is the reward.
_Steve Jobs

203

나는 정확하게 연주하지는 않는다.
누구라도 정확하게 연주할 수 있다.
하지만 나는 훌륭하게 표현하려고 연주한다.
피아노에 관한 한 감정이 나의 장점이다.
생활할 때는 과학적이지만.

오스카 와일드 _아일랜드의 극작가

I don't play accurately-any one can play accurately-
but I play with wonderful expression.
As far as the piano is concerned, sentiment is my forte.
I keep science for Life.
_Oscar Wilde

가장 중요한 질문은
누가 내가 할 수 있도록 하는가가 아니라
누가 날 멈출 것인가이다.

아인 랜드 _러시아 출신의 미국 소설가

The question isn't who is going to let me;
it's who is going to stop me.
_Ayn Rand

205

어느 곳에서 출발했느냐가 중요한 것이 아니라,
어느 곳에서 끝마쳤느냐가 더 중요하다.

보브 위랜드 _미국의 마라토너

It is not important where you started.
It is more important where you finished.
_Bob Wieland

만족은
결과에 있지 않고,
과정에 있다.
제임스 딘 _미국의 영화배우

The gratification comes in the doing,
not in the results.
_James Dean

육체적인 것이나 다른 어떤 것에도 한계를 두지 말라.
한계를 두는 순간 당신의 일과 삶에 퍼지게 된다.
한계는 없다. 정체기는 있을 수 있다.
하지만, 거기에서 멈추지 말고 넘어서라.

이소룡 _미국의 영화배우

If you always put limits on everything you do, physical or
anything else,
it will spread into your work and into your life.
There are no limits. There are only plateaus,
and you must not stay there, you must go beyond them.
_Bruce Lee

정열은 천재와 같다.
정열에 의해 기적이 생기기 때문이다.

로맹 롤랑 _프랑스의 소설가

Passion is like genius: a miracle.
_Romain Rolland

209

우리들을 기쁘게 하는 것은
지어진 건물의 시각적인 아름다움보다도,
건축에서 접하게 되는 선택과 창안이다.
즉, 그의 업무보다 그의 사랑과 사상이 문제다.
그의 업무는 항상 불완전한 것이지만,
그의 사상과 애정은 진실되고 깊다.

존 러스킨 _영국의 비평가, 사회사상가

What please us is choice and creation encountered
in the architecture
rather than visual beauty of constructed buildings.
In other words, his love and ideas are issues rather than his task.
His task is always incomplete but his love and
ideas are true and deep.
_John Ruskin

날마다 오늘이 마지막 날이라고 생각하라.
날마다 오늘이 첫날이라고 생각하라.

탈무드

Think every day that today is the last day.
Think every day that today is the first day.
_Talmud

211

시작하는 재주는 위대하지만,
마무리 짓는 재주는 더욱 위대하다.

헨리 워즈워스 롱펠로 _미국의 시인

Great is the art of beginning,
but greater is the art of ending.
_Henry Wadsworth Longfellow

뭔가를 한 것에 대한 최고의 보상은
더 많은 일을 할 수 있는 기회가 생긴 것이다.

요나스 솔크 _미국의 의학 연구원 및 바이러스 학자

The greatest reward for doing
is the opportunity to do more.
_Jonas Salk

213

영원하면서도 후회가 남지 않은 도전은
자신에 대한 도전뿐이다.

나폴레옹 _프랑스의 제1통령

Eternal challenge and challenge without regrets are
just the challenge to oneself.
_Napoleon

신이 당신을 채점하러 올 때,
그가 보는 것은 당신의 승패가 아니라
당신이 어떻게 경기를 했느냐다.

그랜트랜드 라이스 _미국의 스포츠 기자

When God comes to grade you,
what he sees is not your winning of losing but how you played.
_Grantland Rice

215

껍데기만 타다가 꺼져 버리는 것처럼
어설픈 젊음을 보내지 마라.
치바 데츠야 _일본의 만화가

Don't spend clumsy youth as only outside burns
and the fire has gone out.
_Chiba Tetsuya

인생은 겸손에 대한
오랜 수업이다.
제임스 M. 배리 _스코틀랜드의 소설가

Life is a long lesson in humility.
_ James M. Barrie

217

사랑은 바위처럼 가만히 있는 것이 아니다.
사랑은 빵처럼 늘 새로 다시 만들어야 한다.

어슐러 르 귄 _미국의 작가

Love doesn't just sit there, like a stone,
it has to be made, like bread;
remade all the time, made new.
_Ursula Le Guin

자신을 이길 수 있는 사람은 기쁨을 꾸며 낼 수 있듯
슬픔의 감정 또한 쉽게 끝낼 수 있는 사람이다.

오스카 와일드 _아일랜드의 소설가, 극작가

A man who is master of himself can end a sorrow
as easily as he can invent a pleasure.
_Oscar Wilde

219

대문자만으로 인쇄된 책은 읽기 힘들다.
일요일밖에 없는 인생도 마찬가지다.

장 파울 _독일의 소설가

A book printed with only capital letters is hard to read.
A life has only Sundays is the same.
_Jean Paul

단지 조금밖에 할 수 없다는 이유로
아무것도 하지 않은 사람이야말로
가장 큰 실수를 저지른 사람이다.

에드먼드 버크 _영국의 정치가, 미학자

Nobody made a greater mistake than he who did nothing
because he could do only a little.
_Edmund Burke

221

시도했는가? 실패했는가?
괜찮다. 다시 시도하라.
다시 실패하라. 더 나은 실패를 하라.
새뮤얼 베케트 _아일랜드의 소설가, 극작가

Ever tried. Ever failed.
No matter. Try again.
Fail again. Fail better.
_Samuel Beckett

자신의 원칙만을 지나치게 고수한다면,
아무도 이해하지 못할 것이다.

아가사 크리스티 _영국의 소설가

If one sticks too rigidly to one's principles,
one would hardly see anybody.
_Agatha Christie

223

미래의 가장 좋은 점은
한 번에 하루씩 온다는 것이다.
에이브러햄 링컨 _미국의 16대 대통령

The best thing about the future is
that it comes one day at a time.
_Abraham Lincoln

실제로 획득할 수 있다고 믿기 전까지는
아무것도 준비되었다고 할 수 없다.
단순한 희망이나 소망이 아니라 신념을 가져야 한다.

나폴레온 힐 _미국의 자기계발 전문가

No one is ready for a thing until he believes he can acquire it.
The state of mind must be belief, not mere hope or wish.

_Napoleon Hill

실천을 통해 자신을 인식하고
실천하는 노력 속에서
자신의 가치를 발견할 수 있다.
요한 볼프강 폰 괴테 _독일의 시인, 소설가, 극작가

You can realize yourself through practice
and find your value in effort for practice.
_Johann Wolfgang von Goethe

장미가 비처럼 내리는 일은 절대 없을 것이다.
더 많은 장미를 가지고 싶다면
더 많은 장미나무를 심어야 한다.

조지 엘리엇 _영국의 소설가

It will never rain roses;
when we want to have more roses we must plant more trees.
_George Eliot

227

습관을 처음 만드는 것은 우리지만,
그 뒤에는 습관이 우리를 만든다.

존 드라이든 _영국의 문학 비평가, 극작가, 시인

We first make our habits,
and then our habits make us.
_John Dryden

사람들은 존재하는 것들을 보며
"왜지?"라고 말한다.
나는 존재한 적이 없는 것들을 꿈꾸며
"왜 안돼?"라고 말한다.

조지 버나드 쇼 _아일랜드의 극작가, 소설가, 비평가

You see things; and you say, "Why?"
But I dream things that never were; and I say, "Why not?"
_George Bernard Shaw

229

사람의 품성은 마음이 어우러지는 친구,
즉 책을 통해서 알 수 있다.

토마스 베일리 올드리치 _미국의 작가

A man is known by the company his mind keeps.
_Thomas Baily Aldrich

기적이란 내가 이루어 놓은 어떤 것이 아니다.
다시 시작할 용기를 얻는 것,
그것이 바로 진정한 기적이다.

마이크 허커비 _미국의 정치인

Miracle is not something that I made.
That I have courage to start again,
that is the true miracle.
_Mike Huckabee

231

자신을 둘러싼 세상을
반짝이는 눈으로 바라보라.
위대한 비밀은 항상
절대 있을 것 같지 않은 곳에
숨어 있기 때문이다.

로알드 달 _영국의 소설가

Watch with glittery eyes the whole world around you
because the greatest secrets are always
hidden in the most unlikely places.
_Roald Dahl

양손을 호주머니에 넣고서는
결코 성공의 사다리를 오를 수 없다.
엘마 휠러 _미국의 세일즈맨

You can't climb the ladder of success
with your hands in your pockets.
_Elma Wheeler

233

사람을 고귀하게 만드는 것은
고난이 아니라 다시 일어서는 힘이다.
크리스티안 바너드 _남아프리카 공화국의 의사

It is 'to stand up again'
that makes men nobly, not a tribulation.
_Christiaan Barnard

인간은 역경의 뼈저림을 겪기 전까지는
행복에 대해서 무신경하다.

사디 _페르시아의 시인

A man is insensible to the relish of prosperity till
he has tasted adversity.
_Sadi

235

평화는 여러 가지 의견을 차츰 바꾸어 가고,
낡은 장해를 서서히 허물며,
새 가구를 조용히 쌓아 가는
매일, 매주, 매월의 과정이다.
평화의 추구가 아무리 수수한 것일지라도,
그 추구를 멈춰서는 안 된다.

외국 속담

Peace is a daily, a weekly, a monthly process,
gradually changing opinions, slowly eroding old barriers,
quietly building new structures.
And however undramatic the pursuit of peace,
that pursuit must go on.
_the West proverb

오늘만을 위해 일하는 습관을 길러라.
내일은 저 혼자 찾아온다.
그와 더불어 내일의 새로운 힘도 다시 찾아올 것이다.

카를 힐티 _스위스의 사상가, 법률가

Form a habit to work for today only all of the time.
Tomorrow visits you for itself.
New strength of tomorrow also visits you again with tomorrow.
_Carl Hilty

237

열린 문도 기회이지만,
닫힌 문도 기회다.

존 칼빈 _프랑스의 신학자

Both the open door and the shut door are present
simultaneously.
_Jean Calvin

궤도를 이탈하지 않았더라도
제자리에 앉아 있기만 한다면
결국 실패할 것이다.

윌 로저스 _미국의 배우, 각본가

If you just stay in place, you will finally fail
even if you don't leave orbit.
_Will Rogers

239

너무 멀리 갈 위험을 감수하는 자만이
얼마나 멀리 갈 수 있는지 알 수 있다.

T. S. 엘리엇 _미국계 영국의 시인, 극작가, 문학 비평가

Only those who will risk going too far
can possibly find out how far one can go.
_T. S. Eliot

믿음을 가질수록 젊어지고 의심할수록 늙어간다.
자신감을 가질수록 젊어지고 두려워할수록 늙어간다.
희망을 가질수록 젊어지고 절망할수록 늙어간다.

새뮤얼 울만 _미국의 사업가, 시인

You are as young as your faith as old as your doubt;
as young as your self-confidence, as old as your fear;
as young as your hope as old as your despair.
_Samuel Ullman

241

현재의 처지에 굴하지 않고
그보다 훨씬 나은 그 무엇이 자기 안에 숨겨져 있다고
굳게 믿는 사람들의 성취보다 더 훌륭한 것은 없다.

브루스 바튼 _미국의 광고인, 정치가

There's nothing more wonderful
than the achievements of people who believe
that something better than that situation is
hidden in them in spite of the current situation.
_Bruce Barton

방황과 변화를 사랑한다는 것은
살아 있다는 증거다.

리하르트 바그너 _독일의 음악가

To be alive proves to love wandering and change.
_Richard Wagner

243

스스로를 신뢰하는 사람만이
다른 사람들에게 성실할 수 있다.

에리히 프롬 _미국의 사회심리학자, 정신분석학자

Only the person who has faith in himself
is able to be faithful to others.
_Erich Fromm

지금까지도 그래 왔고 앞으로도 항상 지키려고
노력하는 결심 한 가지는
바로 소소한 일에 초연해지는 것이다.

존 버로스 _미국의 수필가

One resolution I have Made, and try always to keep, is this:
To rise above the little things.
_John Burrougbs

245

아주 오랜 시간 뭍을 보지 못한다는 걸
받아들일 수 없는 사람은
신대륙을 발견하지 못한다.

앙드레 지드 _프랑스의 소설가, 비평가

One doesn't discover new lands
without consenting to lose sight of the shore
for a very long time.
_Andre Gide

항상 무른 반죽을 더욱 단단하게 만들어 주는
불과 같은 것이 바로 열정이다.

조지 엘리엇 _영국의 소설가

It is the passion that is like fire
that makes firm soft doughs up.
_George Eliot

247

내가 발견한 것 중
가장 귀중한 것은
인내였다.

아이작 뉴턴 _영국 물리학자, 천문학자, 수학자

If I have ever made any valuable discoveries,
it has been owing more to patient attention,
than to any other talent.
_Isaac Newton

아무리 좋은 배나무라 할지라도,
그 나무에 배가 아닌 사과가 열리지 않는다.
자신의 특성을 살리도록 노력해야 한다.

프랑수아 드 라 로슈푸코 _프랑스의 고전작가, 사상가

Thus it follows that as the finest pear tree in the world
cannot bear the most ordinary apples,
so the finest talent may be unable to achieve
what can be done by the most ordinary abilities.
_Francois de La Rochefoucauld

249

배운다는 것은
물살을 거슬러 노를 젓는 것과 같다.
중지하면 뒤로 밀려난다.

벤저민 브리튼 _영국의 작곡가

Learning is like rowing against the tide.
Once you stop doing it, you drift back.
_Benjamin Britten

당신이 두려워하는 것을 행하라!
그러면 두려움은 뿌리째 뽑힌다!

랠프 윌도 에머슨 _미국의 시인, 사상가

Just do what you are afraid of and
the fears are uprooted.
_Ralph Waldo Emerson

251

행복은 우리에게 건강의 근본이 되는
에너지를 준다.
앙리 프레데릭 아미엘 _프랑스 출신 스위스의 문학가, 철학자

Happiness gives us the energy
which is the basis of health.
_ Henri-Frederic Amiel

우리는 가지고 있는 열다섯 가지 재능으로
칭찬받으려 하기보다,
가지지도 않은 한 가지 재능으로 돋보이려 안달한다.

마크 트웨인 _미국의 소설가, 사회비평가

We are always more anxious to be distinguished for a talent
which we do not possess, than to be praised
for the fifteen which we do possess.

_Mark Twain

253

실패는 낙담의 원인이 아니라
신선한 자극이다.

토머스 사우전 _아일랜드의 극작가

Failure is not a cause of despair
but a fresh impetus.
_Thomas Southerne

짐을 덜어 달라고 빌기보다는,
강한 어깨를 달라고 기도하라.

아우렐리우스 _고대 로마의 황제, 철학자

Pray God gives us strong shoulders
rather than praying God relieves a burden.
_Aurelius

255

나는 믿음을 존중하지만
우리를 가르치는 것은
의구심이다.

월슨 미즈너 _미국의 극작가, 기업가

I respect faith, but doubt is
what gets you an education.
_Willson Mizner

꿈과 현실 사이의 간격을 두려워 말라.
꿈꿀 수 있다면 이룰 수도 있다.

벨바 데이비스 _미국의 저널리스트

Don't be afraid of the space between your dreams and reality.
If you can dream it, you can make it so.
_Belva Davis

257

신발 정리하는 일을 맡았다면,
신발 정리를 세계에서
제일 잘할 수 있는 사람이 되어라.
그렇게 된다면
누구도 당신을 심부름꾼으로 놔두지 않을 것이다.

고바야시 이치조 _일본 기업가, 정치인

If you accept a job that puts in order shoes,
be the best man who puts in order shoes in the world,
and anybody won't let you become a messenger.
_Kobayashi Ichijo

한 번 본 별이 절대 사라지지 않듯
우리의 꿈은 언젠가 이뤄진다.

앤 프록터 _영국의 시인

No star is ever lost we once have seen,
we always may be what we might have been.

_Anne Procter

259

사람을 존경하라.
그러면 그는 더 많은 일을 해낼 것이다.

제임스 오웰 _영국의 극작가

Respect a man,
he will do the more.
_James howell

'못할 거 없지!'
라고 말하는 것이야말로
재미있는 삶을 위한 구호다.

메이슨 쿨리 _미국의 작가

'There is nothing that I can't do!'
That is a chant for a fun life.
_Mason Cooley

261

천사가 날 수 있는 것은
스스로를 가볍게 할 줄 알기 때문이다.
길버트 키스 체스터턴 _미국의 작가

Angels can fly because
they take themselves lightly.
_Gilbert Keith Chesterton

가장 잠재력 있는 뮤즈는
우리 안에 있는 어린아이다.
스티븐 나흐마노비치 _미국의 바이올린 연주가

The most potent muse of all is
our own inner child.
_ Stephen Nachmanovitch

263

많은 사람이 고독한 이유는 딱 한 가지다.
다리를 놓는 대신 댐을 쌓기 때문이다.

모리스 슈발리에 _프랑스의 가수, 영화배우

The reason that many people feel lonely is just one thing.
Because they build a dam instead of building a bridge across.
_Maurice Chevalier

우리가 인생의 한 부분에서 잘못하고 있다면
인생의 다른 부분에서도 잘할 수 없다.
왜냐하면 인생은 분리될 수 없는
완전한 전체이기 때문이다.

마하트마 간디 _인도의 정치 지도자

If we aren't doing well in a part of life,
we cannot do well in another part of life.
Because life is a complete whole that cannot be divided.
_Mohandas Gandhi

힘든 일에 부딪혔을 때
가장 현명하고 간단한 답은 웃음이다.

허먼 멜빌 _미국의 소설가

When you face a tough slog,
the wisest and simple answer is laughing.
_Herman Melville

우정이란
근심을 피할 수 있는 나무이다.
새뮤얼 테일러 콜리지 _영국의 시인, 문학이론가

Friendship is a sheltering tree.
_Samuel Taylor Coleridge

267

반걸음을 쌓지 않으면 천리를 갈 수 없고,
작은 흐름이 모이지 않으면 강을 이루지 못한다.
순자 _중국 전국시대의 사상가

Without half a step, you cannot go a long distance,
without a small stream, river cannot be formed.
_Xunzi

관찰에 있어서는
준비된 자에게만 기회가 온다.
루이 파스퇴르 _프랑스의 생화학자

In the field of observation,
chance favors only the prepared mind.
_Louis Pasteur

269

때로는 행복을 추구하는 것을 잠시 멈추고
그냥 행복을 느껴 보는 것도 좋다.

기욤 아폴리네르 _프랑스의 시인, 소설가

Now and then it's good to pause
in our pursuit of happiness and just be happy.
_Guillaume Apollinaire

나는 시련의 순간마다 웃음의 능력을 보았다.
웃는 순간 모든 슬픔은
희망의 씨앗이 되었기 때문이다.

밥 호프 _미국의 배우, 골프 선수

I saw the faculty of laughter at every trying moment.
When I laughed, all sorrow became the seeds of hope.
_Bob Hope

당신이 느끼는 것이 무엇이든
여백을 두면 더 많은 행복을 느끼게 된다.
버나드 맬러머드 _미국의 작가

Space plus whatever you feel equals more whatever you feel,
marvelous for happiness.
_Bernard Malamud

사람의 가치를 직접 드러내는 것은
재산도 지위도 아닌 그의 인격이다.
드니 아미엘 _프랑스의 극작가

A man's worth consists in his character
rather than in his wealth and status.
_Deni Amiel

273

불행을 슬퍼하지 말고
출발점으로 삼아라.
불행을 이용하는 사람에게
그것은 때로 희망의 토대가 된다.
오노레 드 발자크 _프랑스의 소설가

Don't feel sad for unhappiness and take as the starting point.
It sometimes becomes a foundation of hope to a person who
uses the misery.
_Honore de Balzac

자신에게 전혀 도움이 되지 않는 사람이라도
존중할 수 있는가?
이것이 신사가 되기 위한 마지막 관문이다.

윌리엄 라이언 펠프스 _미국의 작가, 비평가, 인문학자

This is the first test of a gentleman:
his respect for those who can be of no possible value to him.
_William Lyon Phelps

275

행복은 재물의 양이 아니라
가슴에서 가슴으로 전해지는
따뜻함으로 정의된다.

알렉산드르 솔제니친 _러시아의 소설가

Happiness is defined as the warmth
that flows from the heart to another heart,
not a quantity of wealth.
_Aleksandr Solzhenitsyn

인생에서 내가 해야 할 일은
더욱 더
'나다운 내가 되는 것'이다.

마르틴 부버 _독일의 유대인 사상가, 교육가

What I have to do in my life is to be more real me.
_Martin Buber

277

자신과의 우정이 가장 중요하다.
그렇지 않으면 어느 누구와도
친구가 될 수 없기 때문이다.

엘리너 루스벨트 _미국 제32대 영부인

Friendship with oneself is all important,
because without it one cannot be friends
with anyone else in the world.
_Eleanor Roosevelt

슬픔 속에는 연금술이 있다.
슬픔은 지혜로 변해 기쁨 또는
행복을 가져다줄 수 있다.

펄 벅 _미국의 작가, 인권운동가

There is an alchemy in sorrow.
It can be transmuted into wisdom, which, if it does not bring joy,
can yet bring happiness.
_Pearl Buck

279

오직 단 한 번뿐인 삶에서
우리가 추구할 가장 고귀한 목표이자
갈망할 만한 가치의 정수는 사랑이다.

헨리 드루먼드 _미국의 신학자, 목사

The noblest aim and the essence of the desirable worth
that we must pursue in only one life is Love.
_Henry Drummond

사랑에 감동받는 사람은
어둠 속을 배회하지 않는다.

플라톤 _고대 그리스의 철학자

A person who is moved by love doesn't wander in the dark.

_Platon

나는 사랑에 집착하기로 마음먹었다.
미움은 품고 있기에 너무 큰 짐이다.
마틴 루터 킹 _미국의 흑인해방운동가

I have decided to stick to love.
Hate is too great a burden to bear.
_Martin Luther King

사랑은 오직 사랑을 선물할 뿐이다.
그리고 사랑만이 그 대가로
받을 수 있는 유일한 것이다.

발타자르 그라시안 _스페인의 철학자, 작가

Love grows by giving.
The love we give away is the only love we keep.
The only way to retain love is to give it away.
_Baltasar Gracian

283

사람은 자신이 사랑했던 사람은 잊어도
자신을 사랑해 준 사람은 잊지 못하는 법이다.

다나베 세이코 _일본의 소설가

A man may forget one whom he loved,
but he doesn't forget one who loved him.
_Tanabe Seiko

사랑 같은 우정은 따뜻하다.
우정 같은 사랑은 한결같다.

토마스 모어 _영국의 정치가, 인문주의자

A friendship that like love is warm;
A love like friendship, steady.
_Thomas More

285

사랑할 수 있다는 것은
모든 것을 할 수 있다는 것이다.

안톤 체호프 _러시아의 소설가, 극작가

That you can love someone is
that you can do everything.
_Anton Chekhov

세상에는 빵 한 조각 때문에
죽어 가는 사람도 많지만,
작은 사랑도 받지 못해
죽어 가는 사람이 더 많다.

마더 테레사 _유고슬라비아 출신의 로마 가톨릭 수녀

There are many in the world who are dying for a piece of bread,
but there are many more dying for a little love.
_Mother Teresa

287

아무것도 버릴 수 없는
사람은 아무것도 느낄 수 없다.
프리드리히 니체 _독일의 철학자, 시인

He who cannot give anything away
cannot feel anything either.
_Friedrich Nietzsche

사랑하는 마음과 누군가를 껴안을 팔이 있다면
누구에게나 이 세상은 충분히 멋지다.

루시 몽고메리 _캐나다의 소설가

If you have a loving heart and arms hug someone,
the world is enough wonderful to everybody.
_Lucy Montgomery

289

사랑은 끝없는 용서의 행위이며
습관으로 굳어지는 상냥한 표정이다.

피터 유스티노프 _영국의 영화배우, 작가

Love is an act of endless forgiveness,
a tender look which becomes a habit.
_Peter Ustinov

편지는 입맞춤 이상으로
영혼들을 화합시켜 준다.

존 던 _영국의 시인, 성직자

More than kisses,
letters mingle souls.
_John Donne

291

깊은 상처에서 독을 빼낼 수 있는 것은
친절과 사랑뿐이다.
앙리 프레데릭 아미엘 _프랑스 출신의 스위스 문학가, 철학자

The things that can extract poison from the deep wound
are just kindness and love.
_Henri-Frederic Amiel

모든 고난은
사람의 마음을 북돋우는 박차이자
여러 가지 생각을 떠올리게 하는 귀중한 힌트다.

랠프 월도 에머슨 _미국의 시인, 사상가

Every calamity is a spur and valuable hint.
_Ralph Waldo Emerson

293

사랑이 충만한 가슴은 무엇이든
포용할 수 있지만,
텅 빈 가슴에는 아무것도 들어갈 수 없다.
안토니오 포치아 _아르헨티나의 시인

The heart filled with love can embrace everything.
But nothing can enter the empty heart.
_Antonio Porchia

어렵고 모순되는 상황에 부딪혔을 때,
그것을 깨부수려 하지 말고
시간을 두고 부드럽게 구부려라.
프랜시스 베이컨 _영국의 철학자

When you are faced with hard and contradictory situation,
don't try to break it down and bend it smoothly over time.
_Francis Bacon

295

마음을 자극하는 단 하나의 사랑의 명약,
그것은 진심에서 우러나는 배려다.

메난드로스 _고대 그리스의 극작가

The only best medicine of love that stimulates heart,
that is a consideration from the bottom of one's heart.
_Menandros

우리는 서로를 지지하고
함께 사랑하는 가운데 자란다.
헨리 나우웬 _네덜란드 출신의 미국 로마 가톨릭 신부, 작가

We grow up supporting each other
and loving together.
_Henri Nouwen

297

성공은 영원하지 않고,
실패는 치명적이지 않다.
마이크 디트카 _미국의 프로 풋볼팀 감독

Success isn't permanent,
and failure isn't fatal.
_Mike Ditka

군자는 세상에서 좋아하거나 싫어하는 것 없이
오직 옳은 것을 따를 뿐이다.

공자 _중국 춘추 전국시대의 사상가

The superior man in the world does not set his mind
either for anything or against anything;
what is right, he will follow.

_Confucius

299

칼을 사용하면 칼집이 해지고,
영혼이 괴로우면 가슴이 헌다.
심장도 숨 쉬려면 쉬어야 하고,
사랑에도 휴식이 있어야 한다.

조지 고든 바이런 _영국의 시인

For the sword outwears its sheath,
And the soul wears out the breast,
And the heart must pause to breathe,
And love itself have rest.
_George Gordon Byron

300

많은 사랑은 혀끝에 있고
참사랑은 손끝에 있다.

드와이트 라이먼 무디 _미국의 종교인

A lot of love is on the tip of the tongue and
true love is at their fingertips.
_Dwight Lyman Moody

301

사랑은 서로를 어루만지면서 변한다.
어루만져서 경직되고 냉혹했던
사람을 다시 태어나게 한다.

안젤름 그륀 _독일의 가톨릭 신부, 신학박사

Love changes by touching each other.
Love makes a stiff and heartless man to be born again
by touching.
_Anselm Grun

사랑이 세상을 돌아가게 하지는 않는다.
사랑은 세상을 가치 있게 만든다.

프랭클린 P. 존스 _미국의 리포터

Love doesn't make the world go round.
Love is what makes the ride worthwhile.
_Franklin P. Jones

303

기회를 찾아야
기회를 만든다.
패티 헨슨 _미국의 작가

You create your opportunities
by asking for them.
_Patty Hansen

행운은 눈이 멀지 않았다.
따라서 부지런하고 성실한 사람을 찾아간다.
앉아서 기다리는 사람에게는
영원히 찾아오지 않는다.

클레망소 _프랑스의 정치가, 언론인

Fortune is not blind;
thus, it visits a diligent and faithful person.
It never visits a person who sits and waits.

_Clemenceau

305

하루를 사랑으로 시작하고
하루를 사랑으로 살고
하루를 사랑으로 끝내라.
리처드 칼슨 _미국의 작가, 심리 치료 상담자

Start the day with love,
live the day with love,
end the day with love.
_Richard Carlson

게으름은
피곤하기 전에
쉬는 습관일 뿐이다.
쥘 르나르 _프랑스의 소설가, 극작가

Laziness is nothing more than the habit of resting
before you get tired.
_Jules Renard

307

우리가 살아갈 이유를 알게 되는 건
다른 사람들과 더불어 살면서 사랑을 느낄 때다.
이 사랑이 시작될 때 내 존재를 주저 없이
내던지지 않으면 인생에 아무런 승산이 없다.

빈센트 반 고흐 _네덜란드의 화가

When we live together and feel love,
we realize the reason to live.
If you don't throw your existence away without hesitation
when this love starts, you don't have the chance of winning.
_Vincent van Gogh

음악을 공부하려면
규칙을 배워야 하지만
음악을 창조하려면
그것을 잊어야 한다.

나디아 블랑제 _프랑스의 작곡가, 지휘자

To study music we must learn the rules.
To create music, we must forget them.
_Nadia Boulanger

309

우리에게 중요한 일은
멀리 희미하게 놓여 있는 것을
바라보는 것이 아니라
가까이에 있는 것을 행동으로 옮기는 것이다.

토머스 칼라일 _영국의 비평가, 역사가

Our grand business undoubtedly is,
not to see what lies dimly at a distance,
but to do what lies clearly at hand.
_Thomas Carlyle

경험이란
당신에게 일어나는 것이 아니라
당신에게 일어난 일을
어떻게 대처하느냐 하는 것이다.

제임스 러셀 로웰 _미국의 시인, 비평가

Experience is not what happens to you;
It is what you do with what happens to you.
_James Russell Lowell

311

겸손하고 싶다면 가장 먼저
자신이 교만하다는 것을
깨달아야 한다.
C. S. 루이스 _영국의 소설가

The first step in acquiring humility is
to realize that you are proud.
_C. S. Lewis

의사를 부르기 전에
휴식, 즐거움, 절제,
이 셋을 의사로 삼아라.

서양 격언

Make these three things a doctor before calling a doctor:
Rest, Pleasure and Self-control.

_the West proverb

313

그대가 지나치게
이야기하고 있을 때는,
반밖에 생각을 하지 못한다.
샤를 르브룅 _프랑스의 화가

You leave out half your thoughts
when you are talking too much.
_Charles Le Brun

314

말이든 글이든 인간의 언어 중
가장 슬픈 말은 이것이다.
"아, 그때 해 볼걸!"

존 그린리프 휘티어 _미국의 시인

Of all sad words of tongue or pen,
the saddest are these;
"It might have been!"
_John Greenleaf Whittier

315

모든 약점 가운데 가장 큰 약점은
약하다는 것을 두려워하는 것이다.

보쉬에 _프랑스의 사상가

The greatest weakness of all weaknesses is
to fear too much to appear weak.
_Bossuet

가장 어려운 세 가지는
1 비밀을 지키는 일
2 남에게 받은 상처를 잊어버리는 일
3 여가 시간을 이용하는 일이다.

키케로 _고대 로마의 정치인

There are the most difficult things:
First, to keep a secret.
Second, to forget feeling hurt by others.
Third, to spend your spare time.

_Cicero

317

사랑은 고결하고 아름다운 것이 아니라,
허리를 숙여 상처와 눈물을 닦아 주는 것이다.
마더 테레사 _유고슬라비아 출신의 로마 가톨릭 수녀

Love is not nobility and beauty
but bending down to wipe injury and tears.
_Mather Teresa

건전한 오락 가운데
가장 권장해야 할 것은
자연과 벗하는 것과 독서, 두 가지다.

도쿠토미 로카 _일본의 소설가

The recommendations of healthy entertainment are
associating with nature and reading.
_Tokutomi Roka

319

왜 우리는 칭찬을 속삭임처럼 듣고,
부정적인 말은 천둥처럼 듣는가?

앤서니 드 멜로 _인도 출신 예수회 신부

Why do we hear praise like a whisper?
Why do we hear negative words like a thunder?
_Anthony de Mello

320

운은
계획에서 비롯된다.

브랜치 리키 _미국의 메이저리그 구단주

Luck is the residue of design.
_Branch Rickey

321

고된 훈련 덕분에 쉬웠다.
그게 나의 비결이다.
그래서 나는 승리했다.

나디아 코마네치 _루마니아의 체조 선수

Hard work has made it easy.
That is my secret. That is why I win.
_Nadia Comaneci

야구장을 향할 때마다 나는 내 팔을 보지 않았습니다.
나는 내 '꿈'을 보았습니다.

짐 애보트 _미국의 메이저리그 외팔이 투수

Whenever I went to the baseball field, I didn't look my arm.
I looked my Dream.
_Jim Abbott

323

안전이란 대개 미신이다.
그것은 사실상 존재하지 않는다.
인생은 대담한 모험이거나 아니면 아무것도 아니다.

헬렌 켈러 _미국의 작가, 사회사업가

Security is mostly a superstition.
It does not exist in nature.
Life is either a daring adventure, or nothing.
_Helen Keller

제 갈 길을 아는 사람에게
세상은 길을 비켜 준다.
찰스 킹슬리 _영국의 소설가, 성공회 사제

The world clears the way to a man
who knows the way to go.
_Charles Kingsley

325

행복은 깊이 느낄 줄 알고,
단순하고 자유롭게 생각할 줄 알고
삶에 도전할 줄 알고
남에게 필요한 삶이 될 줄 아는
능력으로부터 나온다.

스톰 제임슨 _영국의 작가

Happiness comes of the capacity to feel deeply,
to enjoy simply, to think freely, to risk life, to be needed.
_Storm Jameson

세상에 기회는 무한대로 많다.
마치 홍수 때 내리는 비처럼 헤아릴 수 없다.
하지만 우리의 인격이 준비되어 있지 않으면
어떠한 기회도 잡을 수 없다.

버치 데이비스 _미국의 풋볼 감독

The opportunities in the world are infinite.
They are incalculable like rain when it is flooded.
But if our personality is not ready,
then we cannot seize the any opportunities.
_Birch Davis

327

생각이 인생의 소금이라면
희망과 꿈은 인생의 사탕이다.
꿈이 없다면 인생은 쓰다.
에드워드 리튼 _영국의 소설가, 정치가

If our thoughts are the salt of life,
hopes and dreams are candies of life.
Without dreams, life is bitter.
_Edward Lytton

위대한 이들은 목적을 갖고,
그 외의 사람들은 소원을 갖는다.

워싱턴 어빙 _미국의 소설가, 수필가

Great minds have purposes,
others have wishes.
_Washington Irving

329

우리를 조금 크게 만드는 데 걸리는 시간은
단 하루면 충분하다.

파울 클레 _스위스의 화가

A single day is enough to make us
a little larger or, another time,
a little smaller.
_Paul Klee

창조성의 최고의 적은
'상식적' 감각이다.

파블로 피카소 _스페인의 화가

The chief enemy of creativity is
'good' sense.
_Pablo Picasso

331

홀륭한 사람을 만났을 때는
그 사람의 덕을 나도 가지고 있는가 생각해 보라.
그리고 나쁜 사람을 만났을 때는
그 나쁜 점이 나에게도 있지 않은가 돌아보라.

미겔 데 세르반테스 _스페인의 소설가

Think about whether you also have his virtue
when you meet a great man.
Look back whether you also have his weak point
when you meet a bad man.
_Miguel de Cervantes

겸손함은 반짝이는 빛이다.
겸손함은 정신이 지식을 받아들이고
마음이 진실을 받아들이도록 준비시킨다.
마담 귀조 _프랑스의 역사가

Modesty is a shining light;
it prepares the mind to receive knowledge,
and the heart for truth.
_Madam Guizot

333

사랑한다는 것은
자신을 보다 넓은 곳으로 불러내는 그 무엇이다.

R. M. 릴케 _독일의 시인, 문학가

To love is something
that brings yourself to a larger place.
_R. M. Rilke

334

사물에는 본래 좋고 나쁜 것이 없다.
오직 우리가 생각하기에 따라
좋고 나쁜 것이 갈라진다.

플라톤 _고대 그리스의 철학자

There is nothing either good or bad,
but thinking makes it so.
_Platon

335

인생은 스스로를 찾는 것이 아니라,
스스로를 창조하는 것이다.

매리 맥커시 _미국의 소설가, 문예 평론가

Life isn't about finding yourself.
Life is about creating yourself.
_Mary McCarthy

자신이 해야 할 일을
결정하는 사람은
세상에서 단 한 사람,
오직 자기 자신뿐이다.

오손 웰스_ 미국의 영화배우, 감독

There's only one person in the world
who decides what I'm going to do, and that's me.
_Orson Welles

337

같은 꽃에서 꿀벌은 단 것을 빨아들이고
땅벌은 쓴 것을 빨아들인다.

서양 격언

From the same flower
the bee extracts honey and wasp gall.
_the West proverb

오직 하나의 성공만이 있다.
그것은 자기 인생을 자기 식으로 살 수 있는 것이다.

크리스토퍼 몰리 _미국의 저널리스트, 작가

There is only one success
- to be able to spend your life in your own way.
_Christopher Morley

나는 세계에서 두 개의 보화를 가지고 있다.
그것은 나의 벗과 나의 영혼이다.

로맹 롤랑 _프랑스의 소설가

I have two treasures of the world.
Those are my friends and my soul.
_Romain Rolland

나는 내가 연기할 수 없을 때 연기 제의를 받았다.
그밖에 내가 준비되지 않았던 때
모든 종류의 것들을 제의받았다.
그때마다 나는 미친 듯이 달려들어
그것을 해내려고 노력했다.

오드리 햅번 _미국의 영화배우

I was asked to act when I couldn't act.
And I was asked to do all kinds of things I wasn't prepared for.
Then I tried like mad to cope with it.
_Audrey Hepburn

341

나는 혼자 있을 때
가장 외롭지 않았다.
에드워드 기본 _영국의 역사가

I was never less alone
than when by myself.
_Edward Gibbon

사랑이란 키우고, 베풀고,
지켜 주며 쉼 없이 흐르는 에너지다.
그것의 영원한 목표는 행복한 삶이다.

스마일리 블랜튼 _미국의 정신과 의사

Love is the immortal flow of energy that nourishes,
extends and preserves. Its eternal goal is life.
_Smiley Blanton

343

마지막 순간을 마음속에
새긴 채 시작하라.

스티븐 코비 _미국의 기업인, 컨설턴트

Begin with the end in mind.
_Stephen Covey

344

지도자는 다른 이들이 보는 것보다
더 많이, 더 깊이,
그리고 보다 앞서 보는 사람이다

리로이 아임스 _미국의 선교사, 작가

A leader is one who sees more than others see,
who sees farther than others see, and who sees before others do.
_Leroy Eims

345

이 세상에 보장된 것은 아무 것도 없으며
오직 기회만 있을 뿐이다.
더글러스 맥아더 _미국의 육군원수

There is no security on this earth,
there is only opportunity.
_Douglas MacArthur

자유롭게 피어나기.
이것이 내가 내린 성공의 정의다.
게리 스펜스 _미국의 변호사, 사진작가, 시인

To freely bloom - that is my definition of success.
_Gerry Spence

347

가능성을 본다는 것은 외부에 있지 않다.
내 마음 안에 있다.

쇼펜하우어 _독일의 철학자

Looking at the possibility is not outside.
It is in my mind.

_Schopenhauer

균형 잡힌 시선을 지닌 자는
가장 매혹적인 걸음걸이로 자신의 생을 거닌다.

레이첼 카슨 _미국의 해양생물학자

A man who has a balanced eye walks his life
with the most attractive gait.
_Rachel Carson

349

하루를 유익하게 보낸 사람은
하루의 보물을 파낸 것이다.
앙리 프레데릭 아미엘 _스위스의 프랑스계 문학가, 철학자

Spending a profitable day is like unearthing treasure of a day.
_Henri Frederic Amiel

우리가 이해해야 할 것은 말이 아니라
그 말 뒤에 있는 사람이다.

새뮤얼 버틀러 _영국의 소설가

What we must understand is not words
but a person behind the words.
_Samuel Butler

351

당신이 다른 사람을 위해서
할 수 있는 가장 좋은 일은
물질을 나누는 것이 아니라
그 사람 자신을 드러내게 만드는 것이다.

벤저민 디즈레일리 _영국의 문인, 정치가

The greatest good you can do for another is
not just share your riches, but to reveal to him his own.
_Benjamin Disraeli

무언가를 위해 목숨을 버릴 각오가 되어 있지 않는 한
그것이 삶의 목표라는 어떤 확신도 가질 수 없다.

체 게바라 _아르헨티나 출신의 쿠바 정치가, 혁명가

We cannot be sure of having something to live for
unless we are willing to die for it.
_Che Guevara

353

진실하지 않으면 사랑을 할 수 없다.
마찬가지로 사랑 없이는 진실할 수 없다.
이 두 가지는 새의 양 날개처럼
서로 다른 곳을 향해 붙어 있지만
항상 같은 방향으로 날아오른다.
바바 하리 다스 _인도의 성자

You cannot love without honest,
similarly you cannot be honest without love.
These two things are attached toward a different direction,
but fly to a same direction like wings of a bird.
_Baba Hari Dass

어느 항구로 가고 있는지
모르는 항해사에게는
아무리 순풍이 불어도 소용없다.

세네카 _고대 로마의 철학자

If one does not know to which port one is sailing,
no wind is favorable.

_Seneca

355

자신을 이길 준비를 하지 않은 사람은
어떤 게임에서도 이길 수 없다.

베르길리우스 _고대 로마의 시인

A man who doesn't prepare
to win oneself cannot win any games.
_Vergilius

충분히 오래 들으면,
상대방은 대개 좋은 해결책을
알려 주기 마련이다.

메리 케이 애시 _미국의 기업자

Listen long enough and the person will
generally come up with an adequate solution.
_Mary Kay Ash

357

지금의 당신과
5년 뒤 당신의 차이는
그동안 당신이 만나는 사람과
읽는 책에 달렸다.
찰리 트리멘더스 존스 _미국의 자기계발 전문가, 강연가

You will be the same person in five years as
you are today except for the people
you meet and the books you read.
_Charlie Tremendous Jones

언제나 최선을 다하는 사람은
그것만으로 자연스럽게 지도자가 된다.

존 디마지오 _미국의 성우

A person always doing his or her best becomes
a natural leader, just by example.
_John DiMaggio

359

인생의 실패자들은 포기할 때
자신이 성공에서 얼마나 가까이 있었는지 모른다.

토머스 에디슨 _미국의 발명가

Many of life's failures are those who didn't know
how close they were to success when they gave up.
_Thomas Edison

계획을 위해 쏟은 한 시간은
실행에 옮겼을 때
서너 시간을 절약시켜 준다.

크로포드 H. 그린왈트 _미국의 화학기술자, 기업인, 조류학자

Every moment spent planning saves
three or four in execution.
_Crawford H. Greenwalt

361

성과는 문제 해결보다
기회의 발견을 통해 얻어진다.
피터 드러커 _미국의 경영학자, 작가

Results are obtained by exploiting opportunities,
not by solving problems.
_Peter Drucker

성공은 행동과 연결되어 있다.
성공적인 사람은 계속해서 행동한다.
실수하기도 하지만 절대로 멈추지 않는다.
콘라드 힐튼 _미국의 사업가

Success seems to be connected with action.
Successful people keep moving.
They make mistakes, but they don't quit.
_Conrad Hilton

363

다른 사람의 필요를 자기 자신의 필요만큼
소중하게 여기기 시작할 때 사랑은 시작된다.

앤 설리번 _미국의 교육가

When you start to accept that other's needs
are as precious as your needs, love starts.
_Anne Sulivan

자기 힘으로 이룰 수 없는 것을
행복이라고 생각하는 사람은 언제나 불행하다.
행복은 언제나 당신의 힘이 미치는 곳에
있음을 기억하라.

톨스토이 _러시아의 소설가, 사상가

A man who thinks that his own abilities
cannot accomplish happiness is always unhappy.
Remember that happiness is always within reach of you.
_Tolstoi

365

사람을 판단할 때는 그 사람에게
어떤 장점이 있느냐보다는
그가 자신의 장점을 어떻게
사용하고 있는가가 더 중요하다.

프랑수아 드 라 로슈푸코 _프랑스의 고전작가, 사상가

We should not judge a man's virtue by his great abilities,
but by the use he makes of them.
_Francois de La Rochefoucauld